JN225739

今読み解く 日本の庭園

―作者の想いからデザインまで―

戸田芳樹

ランドスケープアーキテクト

野村勘治

庭園作家・庭園研究家

　「日本庭園を読み解く」を2020年に発刊して、すでに4年の歳月が流れた。この間、私たち二人は創作活動が多忙で、次の出版にじっくりと取り組む時間は限られていた。時間が過ぎる中、世界の日本庭園に対する関心は益々高まり、2023年5月にはポートランド市にある「日本庭園協会」の創立60周年記念事業が日本で開催され、内外から多くの参加者があり盛り上がりを見せた。アメリカにある日本庭園の協会活動を日本に逆輸入してプレゼンテーションする、逆転現象が起きる時代になったのである。

　海外からの日本庭園に対する眼差しは「エキゾチック」から「ビューティフル」に、さらに「ウェルビーイング」にまで進化してきたと感じている。日本庭園をゆったりと逍遥し、お気に入りのスポットで佇み、さらに座って時間を過ごせば雑務に追われる日常から放たれ、本来の自分に立ち戻ることができるはずだ。人生の出来事をなぞるようなシークエンスが廻遊式日本庭園で経験できるのは幸せだ。日本庭園を「花が綺麗」で「紅葉や苔が美しい」という見方から、庭園が持つ背景や意味、それを表現する様式や技法を学びたい気持ちは皆同じであろう。

　自然の素材を扱う日本庭園は長い年月の間に災害や人災、さらに社会状況によって空間やかたちが変化するのはやむを得ない。だから、現存する日本庭園のすべてを合理的に読み解くことは困難で、デザインやディテールの意味を正確に判断しにくい。本書の狙いは日本庭園を専門に学ぶ人へのアカデミックな内容を目指すのではなく、観光的視点からだけの庭園案内でもない。作庭家、ランドスケープアーキテクトなど、「つくり手」の視点から古典庭園を大胆に解釈したのが本書の骨子である。

　日本庭園に接した時に感じる「何か」を上手く表現できず、言葉にならないもどかしさを経験をした人は多いだろう。本書は直感的にインスピレーションで感じる「何か」の背景と、その意味を探ることを目的としている。心の琴線に触れる庭園は必ず「つくり手」の意志が強く表現されていることを忘れないで欲しい。

　この書が日本庭園を体系的な流れで述べてないのは、体系を書き始めると表現の振れが狭くなり、教養的な内容になる心配があったからだ。ここでは、日本庭園に興味を持つ世界の人々に、今知りたいと思われる理論や知識を取り上げた。本書は4章に分かれているが、どこから読んでも差し支えなく、興味のまま読んでいただければ幸いである。

【 第1章　龍安寺庭園の謎を解く　〜天皇の陵墓を守る龍の庭〜 】

　龍安寺庭園はあまりに論説が多く、それを読み解く楽しみもあるが、もっと原点に帰るべきと考えた。ひとつは、天皇の陵墓を守る龍安寺の立地と石庭。もうひとつは、岐阜の草深い山間の寺院跡に今も残る石庭のモデルと、龍安寺石庭との関係を考察した。

【 第2章　鶴亀石組の意味と表現　〜鶴亀の先に何が見えるか〜 】

　庭園解説で必ず出てくる「鶴と亀」の表現は、なぜ日本庭園に多くあるのだろう。鶴と亀の存在する庭園の意味とその配置を庭園の実例をもとにしてデザインを読み解いた。

【 第3章　小石川後楽園の3つのテーマ　〜能の世界・旅の風景・中国への憧憬〜 】

　日本庭園は一般的にいくつかのテーマを重層的に表現しており、小石川後楽園では「能・旅・中国」のテーマを重ねている。中でも一般的には知られていない「能と謡曲」のテーマも絵図に従って読み解いた。

【 第4章　小堀遠州の生涯と作品　〜綺麗さびを巡って〜 】

　誰もが知っている遠州の美意識とその表現を人生と作品を通じて読み解いた。遠州の代名詞「綺麗さび」は庭園においてどの様に実現されたか、そしてどんな効果があったのか具体的に探ってみた。

　この書は書斎で読むだけではなく、実際に庭園を歩きながら読んで欲しい。作庭者の想いが強い庭園には必ず作者の声が天から降りてくる。重要なポイントに佇み、庭園が発している想いを受け止めて欲しい。それがない庭園は作品の完成度が低いか、改造されているか、自分に見る目がないからであろう。この本を読むことで、作庭者が自ら日本庭園の素晴らしさを語りかけてくれるような体験をして欲しいと願っている。

　私たち二人の活動領域は少々異なるが日本庭園に対する基本的なスタンスは同じである。それは縄文時代から続く日本人の自然に対するリスペクトと、連綿と続く日本文化に対するオマージュである。このふたつの想いが日本庭園を紐解く基層になっており、それを本書で伝えられれば嬉しい限りである。

戸田芳樹・野村勘治

目次

第1章

龍安寺庭園の謎を解く
～天皇の陵墓を守る龍の庭～

はじめに

　龍安寺庭園は日本だけでなく世界的に知られる名高い庭園である。塀に囲まれた庭園の佇まいには数知れぬテーマが内包されているように見え、鑑賞者のイメージを大きく膨らませる。石と砂だけで構成された庭園は現代のミニマルアートを思わせ、15世紀につくられた庭園とは思えないモダンな表情をたたえている。

　エリザベス2世女王が昭和50（1975）年に来日し、龍安寺の縁側で椅子に座って石庭を鑑賞する微笑ましい写真を見た記憶がある。女王は不可思議な表情を浮かべられていたが、女王の佇まいと空間が妙にしっくりきて印象的だった。今、振り返れば「西洋の精神」の象徴的存在としての女王と「東洋の精神」を具現化した龍安寺の空間が、一瞬交差した歴史的遭遇だったかもしれない。

　戸田　日本庭園史上、龍安寺の石庭は特別な存在である。鑑賞者を拒むような怜悧で幾何学的な庭園は多くの「謎」を内在させている。そこにはレオナルド・ダ・ヴィンチの「モナリザの謎の微笑み」に匹敵するほどの奥行き感があり、知的好奇心をかき立てるアートとしての印象が強く迫ってくる。

　龍安寺石庭の謎に多くの研究者が挑み、違う視点から導き出された「龍安寺石庭論」は、数多く出版されており興味はつきない。研究者は石庭について意味深い理論や推論を立て、石庭の解釈を何十通りも導き出した。研究者たちはこの庭園に内包されている「庭園とアート」の関係性を私たちに気づかせてくれたようだ。

　ここでは庭園とは何かという原点に立ち戻り、石庭に表現されている意味とその表現を掬い取ってみたい【写-1】。

【写-1】龍安寺石庭は鑑賞者で賑わう

1. 枯山水とは何をさしているのか

戸田 枯山水庭園といえば反射的に「龍安寺石庭」が浮かぶが、「枯山水」の意味を曖昧なまま使っていないだろうか。900年も前に「枯山水」と名付けられた庭園様式について、歴史を辿りながら振り返る必要があるようだ。

　現在、「枯山水」といえば禅の思想を表現する「禅の庭（石庭）」として世界中に知られている。日本文化の誇りであり、世界のブランドにもなった「枯山水庭園」を私たちはもっと正確に知るべきである。

1) 平安時代の枯山水庭園

　「枯山水」が初めて表記されたのは平安時代に書かれた「作庭記[1]」で『池もなく遣水[2]なき所に石を立つ事あり、これを枯山水となつく』と記している。その後、枯山水とされていた当初の庭園様式は時代とともに変化していった。

　日本庭園の解説本では平安時代の枯山水を「前期枯山水庭園[3]」、それ以降を「後期枯山水庭園[4]」と記述しているが、少々解りにくい。一般的なイメージでは「枯山水庭園」の持つ抽象的表現が禅に通じ、そこに接することで禅の奥義に近づける、と思っているところがある。

　ここでは、枯山水がどのような思想から生まれ、庭園で何を表現したのか、龍安寺石庭ができる以前の枯山水から歴史を辿り考えていきたい。

野村 日本庭園の石組は本来、池や流れなど水辺と一体で、水に接しない石組を仮山水（枯山水）と呼んでいた。ある意味、これが枯山水の萌芽といえるが、平安時代の枯山水は庭園の一部分を指したもので、庭園全体を表すものではなかった。これを、後の研究者は「前期枯山水庭園」と名付けた【図-1,2】。

　枯山水が実際に庭園の様式として生まれるのは南北朝時代、夢窓疎石[5]が作庭した西芳寺庭園からで、前者に対して「後期枯山水庭園」と分類される。一般的に知られている枯山水庭園は後期からのものである。

2) 西芳寺の枯山水庭園

野村 西芳寺庭園は作庭当時から三国一[6]と讃えられた名園だったが、それは池泉庭園部のことで山畔にある枯山水の記録は残っていない。その理由は西芳寺の枯山水は野外道場としてつくられた聖域で、非公開の空間だったからである。

　この枯山水は3段の瀧を鯉が登って龍になるという「龍門の瀧[7]」の伝説を視覚化したものとされている。この場は修行僧（雲水）が師との問答によって悟りに至る「ニワ」を表現、上下2段

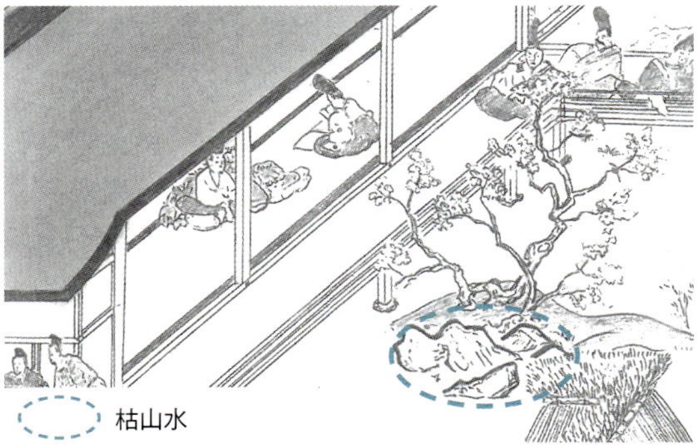

【図-1】
「北野天神縁起絵巻」菅原是善邸の枯山水
（作図＝野村勘治）

枯山水

【図-2】
「春日権現験記絵巻」の枯山水
（作図＝野村勘治）

枯山水

のテラスと3段の土留めで構成。その土留めを瀧に見立て、下段の瀧と中段の瀧の中央に往来の階段を設ける。最奥部に見える巨石の土留めは瀑布と見立てるため、ここには当然階段をつけていない【図-3,4】。

「中段のテラス」は問答を待つ修行僧の部屋、「上段のテラス」である師の部屋には瀑布を間に挟んで左右に座禅石が置かれている。山側のやや高い石が師の席、谷側が弟子の席で互いに向かい合い問答をおこなった。

瀑布となる巨石の天端は平らで須弥壇[8]を兼ねて仏像を安置し、下の小机のような石の上には三具足[9]を置いたと思われる。ここから上は天で、上れるのは龍、即ち悟った者だけで、こ

れを「登龍門」と呼んだ【写-2】。

改めて見直せば、「中段のテラス」に鯉を現す鯉魚石が、登龍門に向かい跳ね上がっている。問答を待つ修行僧（鯉）の耳には急流にもまれる瀧の瀬音が響いていたことだろう【写-3】。

龍門瀑は3段とされ、これを約束事としているため水がなくても3段あれば龍門瀑となる。これは、夢窓の「目からウロコ」の着眼点によって生まれたもので、枯山水庭園の原型のひとつとなっている。

しかし、野外道場として設定した枯山水は類例が殆んどなく、今ひとつ涸沢を龍門瀑と見立てる甲斐の栖雲寺庭園[10]の1例を知るのみで、後に続く枯山水庭園には受け継がれなかった。

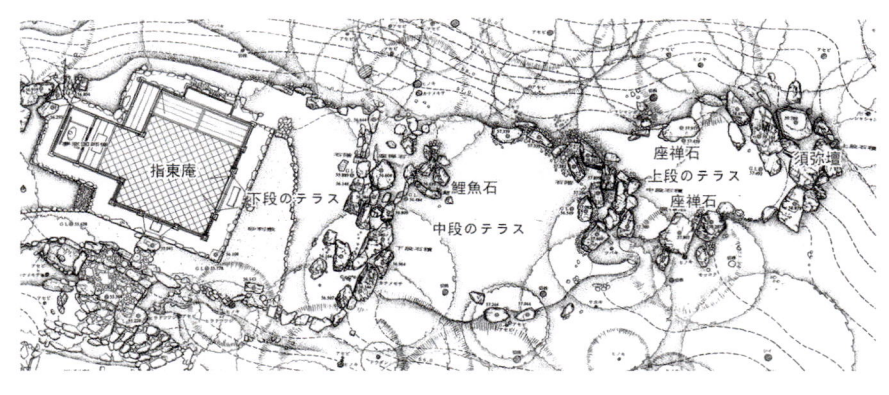

【図-3】
西芳寺 枯山水庭園平面図
（作図＝野村勘治）

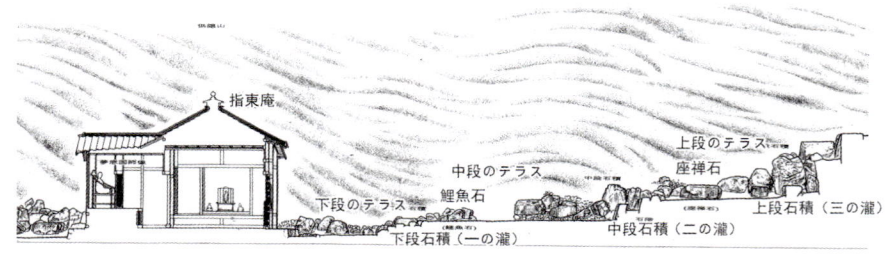

【図-4】
西芳寺 枯山水庭園断面図
（作図＝野村勘治）

【写-2】西芳寺 枯山水庭園

【写-3】西芳寺 枯山水庭園の鯉魚石

【写-4】中国の盆景

3) 枯山水庭園のルーツは「盆景」

戸田 作庭記に記された「枯山水」も西芳寺の「修行の場」も、その後出現する「鑑賞のための枯山水庭園」のルーツでないなら、何が切っ掛けで今日まで続く枯山水庭園が生まれたのか。塀で囲まれた禅宗の寺院、大徳寺や妙心寺など多くの庭園で見られる様式に共通点がいくつもあるように思うが。

野村 枯山水庭園の大原則は水を用いずして水を表現するところにある。西芳寺の枯山水庭園は予備知識や想像力の助けを必要とするが、跳ねる鯉を表す鯉魚石の大きさからみても等身大の枯山水庭園であることがわかる。

しかし、その後につくられた枯山水庭園は縮小された縮景庭園で、等身大庭園との違いは大きい。私は中国から伝わった盆景が枯山水のルーツではないかと思っていたが、前奈良文化財研究所の小野健吉氏も同様の指摘をし、今では盆景が「後期枯山水庭園」のルーツという考えが主流となっている。

鎌倉時代に描かれた絵巻物を見ると邸宅の祝宴の席に盆景が描かれている。盆景の盆は勉強机程の大きさで、枠の中に石と木と砂を用いて大自然の景を表現、枯山水庭園のミニチュア版といえば分かり易い。

日本は樹木のみの盆栽が盛んだが、中国では今も盆景が親しまれている。中国の名園を訪れると庭園の片隅の盆栽コーナーに盆景も多く見られ、その立体山水画の素晴らしさに見とれてしまう【写-4】。

日本では盆栽と一体となった盆景を時々見るが、中国の石組だけの盆景には我が師である重森三玲も身を引くほどのアート性豊かな作品もあり楽しませてくれる。

4) 枯山水庭園の発展

戸田 枯山水庭園を小さくして盆景にしたのではなく、盆景を庭園の大きさに広げたのが枯山水だという「盆景ルーツ説」は意外な展開だが、私が鑑賞した中では室町時代の大仙院庭園がそうであった。主景の北庭は深山の瀧から川が流れ出すという見立てで一段高い堰の上にある。正に山水画を模した盆景そのもの、ここまで徹底して盆景に近い枯山水庭園は他に存在するのだろうか。

野村 それに近い例は愛知県半田市に明治〜

【図-5】中埜家の中庭 平面図（実測＝野村勘治・加藤隆士）

【図-6】中埜家の中庭 立断面図

大正期につくられた、中埜家の中庭に見られる。その中庭は太湖石、大明竹、アオギリなどで構成され、『鳳凰は桐の枝にとまり、竹の実をついばんで生きる』という延命長寿を表現した中国式の庭園である。初めて見た時には庭園を囲む排水溝の枠取りが異常に大振りだと驚いた。しかし、よく考えればそれは盆景の盆にあたる「壇の囲い」であり、巨大な盆景と理解して納得、その見立てのユニークさに感心させられた【図-5,6】。

　大仙院庭園は水も大空間もない小さな中庭だが、その造形を支える原型が盆景の世界であり、部屋の床レベルと庭園の地盤との高低差は、わずか30cm程度ということがそれを示している。この盆景見立ての庭園は手本としていた中国山水画をそのまま写した、特別な事例であった【写-5】。ちなみに、大仙院の枯瀧は3段ある小さい龍門瀑で、鯉魚石はエラや背ビレもあり、他の庭園には無い最もリアルな表現である。

　枯山水庭園が生まれた背景のもうひとつの要因として、建築様式の変化があったことに注目したい。平安時代以来、寝殿造りに見られる日本庭園は建物の前面に絵巻物のような大庭園をつくるのが常識だった。

　鎌倉時代に現れた「書院式の建物[11)]」は間仕切りによって個室が生まれ、その個室から鑑賞するのに適したサイズ、例えば掛軸のような新しいスタイルの庭園が誕生した。この建築様式の変化によってつくられた小さな庭園が、今日まで続く「枯山水庭園」の始まりといえる【図-7】。

【写-5】大仙院庭園

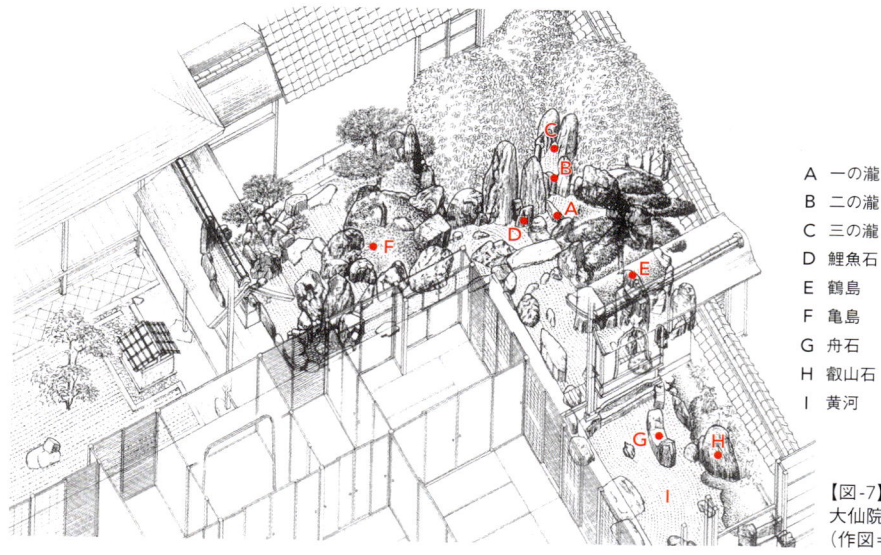

A　一の瀧
B　二の瀧
C　三の瀧
D　鯉魚石
E　鶴島
F　亀島
G　舟石
H　叡山石
I　黄河

【図-7】
大仙院庭園 アイソメ図
（作図＝野村勘治）

2. 龍安寺の歴史

戸田　現代まで引き継がれている「枯山水庭園」は盆景をルーツとし、書院建築から鑑賞する庭園として発展したことがわかった。しかし、室町時代の庭園は禅宗の影響が大きく、枯山水庭園は禅の思想的背景を学ばなければ理解が難しいようだ。

　私たちは目の前に見えている「庭園」の姿でその価値を判断しがちだが、寺院には歴史の積層があり、それらの関係性を読み解かなければ庭園の本質は見えてこない。

　まずは広い視野をベースにして、3つの視点で龍安寺石庭を解いていきたい。

- 龍安寺の歴史と庭園の変遷（時間の重層性）
- 龍安寺の立地と庭園の関係（空間の多義性）
- 庭園の構成とデザインの解析
（デザインの意図と表現）

　ここからは、平安時代から重ねられてきた龍安寺の歴史を辿りながら「庭園の思想とデザイン」の本質に迫ってみたい。

1) 平安時代から鎌倉時代の龍安寺

野村　龍安寺は平安時代中期、64代・円融天皇[12]（959-991）の勅願寺である円融寺に始まる。円融天皇は譲位の後に出家し、円融寺を終の棲家として没し、追号を「円融院」とした。院は寺の裏山の朱山[13]で茶毘に付され、今もその跡に火葬塚がある。その後、円融天皇の子、66代・一條天皇[14]と73代・堀川天皇[15]が朱山に葬られた。

　平安時代末期、円融寺跡に別業を営んだのが徳大寺実能[16]（1096-1157）、その名残りが龍安寺境内入口の鏡容池である。実能は山荘内に持仏堂を建立し寺号を徳大寺とした。山荘は阿弥陀堂を中心とする浄土庭園[17]で、池の規模からすれば御堂御所[18]と呼ぶほどの華麗なものだったと思われる。

　近隣には御堂御所の代表的存在の法金剛院[19]（平安時代）、北山殿[20]（西園寺山荘 鎌倉時代）があり、徳大寺庭園はこれら二つの庭園の間に造営された。ちなみに、法金剛院を創建した鳥羽上皇の中宮、待賢門院[21]（1101-1145）は実能の同母妹で、法金剛院の庭づくりへの情熱は格別だった。妹の庭園観は徳大寺の庭園に少なからず影響を与えたと思われる。

2) 室町時代の龍安寺

戸田　平安時代創建の円融寺が後に徳大寺となり、その後龍安寺となっていくが、そこにある「石庭」は誰が関与し、どのような歴史をたどったのか、人物に焦点を合わせながら見ていきたい。

(1) 龍安寺の開山は義天玄承

野村　龍安寺の開山について述べることから始めたい。開山の義天玄承は明徳4（1393）年土佐で生まれ、15歳の時土佐・天忠寺の義山和尚に就し18歳で得度した後、京都の建仁寺に入り修行に励む。しかし、五山の禅に失望した義天は建仁寺を見限り、林下（五山の下）の妙心寺の末寺である尾張犬山の瑞泉寺[22]の日峰宗舜[23]（1368-1448）に参禅した。

　義天は日峰の激烈な指導に熱烈な求道心で応え、36歳の時日峰から修行成就の印可状を与えられた。同じ年に父が亡くなり土佐に帰郷した義天は、しばらくして瑞泉寺に戻り、日峰の庵である美濃可児郡・御嵩郷の無着庵[24]を愚渓庵（後の旧愚渓寺）と改め閑居した。

　庵名の由来は義天の悟りの心境を表す偈（詩）の出典・「碧巌録[25]第30則 趙州大蘿蔔頭」の「九峰」に因み、裏山の高尾峰を九景峰に名を改めた。この名は九峰の山波に重ねてこの地を理想郷とする、との思いからであった。後に庵は愚渓寺へと発展するが、江戸時代末期には山麓の現在の地に移転した。

　山腹にある旧愚渓寺の立地は龍安寺に似ると共に、庭園は後の龍安寺石庭の原型になったもので、このことについては詳しく後述したい。

　義天の師である日峰は瑞泉寺を義天に任せて

上洛し、妙心寺復興に心血を注いでいた。その頃、日峰は管領細川持之[26]（1400-1442）と天龍寺の法要で出会い、龍を寺号に冠する4寺のひとつとして龍安寺創建を持之は約束したと、澤田天瑞氏[27]が語っていた。その後、息子の細川勝元（1430-1473）が徳大寺家由来の山荘を譲り受け、宝徳2（1450）年に龍安寺を建立した。

龍安寺の初代住職は義天玄承だが師である日峰宗舜を勧請開山[28]（かんじょう）とし、自ら創建開山[29]として師の想いをかたちとして遺した。

戸田 龍安寺石庭の原型となった庭園が美濃の山奥にある旧愚渓寺だったとは大いに驚いた。また、その寺の開祖が龍安寺と同じ人物の義天であったことで、「石庭の謎解き」が一歩前進しようとしている。

(2)龍安寺と応仁の乱

野村 義天67歳の時（1459年）、細川勝元の支援により妙心寺開山の関山慧玄[30]（かんざんえげん）100年遠忌法会を龍安寺で催し、その3年後に義天70歳で入寂。

それから5年の後に「応仁の乱」がおこり、東軍・細川勝元、西軍・山名宗全が大将となって争った。細川寺ともいえる龍安寺は西軍の恰好の目標となり、応仁2（1468）年に戦火により焼失（1回目）し寺基[31]は洛中の勝元の邸内に一時避難した。

文明5（1473）年3月に山名宗全が病死、同年5月に勝元も病死し、文明9（1477）年11月に大乱は終結した。文明17（1485）年勝元の子、細川政元（1466-1507）は洛中にあった龍安寺で、1600余人を集め父勝元の13回忌をおこなった。3年後、長享2（1488）年から政元は旧地で龍安寺の再建に着手、義天の孫弟子であり瑞泉寺住職の特芳禅傑[32]（とくほうぜんけつ）（1419-1506）を中興開山[33]として再興した。

庭園はその時につくられたとして、石庭の作庭者を「特芳」とする説もあり、さらに、庭石の背面に刻まれた「小太郎、清二郎」の名前が延徳2（1490）年頃の相国寺公用日記、「蔭涼軒日録[34]（いんりょうけんにちろく）」に見られることで、作庭者について様々な憶測が生まれた【写-6】。

3)室町時代以降に書かれた石庭の記録

戸田 1488年に龍安寺が再建された後、多く

【写-6】庭石の背面に刻まれた人名

【コラム-1. 京都五山と妙心寺】

今てこそ臨済宗最大の勢力を誇る妙心寺派の大本山妙心寺の寺格は、大徳寺と共に京都五山の下で林下と呼ばれていた。京都五山とは別格である南禅寺を五山の上と位置付け、以下序列順に天龍寺、相国寺、建仁寺、東福寺、万寿寺をいう。

五山は不入権、諸役免除の他、幕府事務の代行や上納金の財務支援も行うなど、宗教活動以外の業務が課せられていた。五山の寺院は度々変動があったが、現在の寺院に確定したのは室町時代前期の足利義満の時であった。

妙心寺は鎌倉・建長寺の南浦紹明（大応国師）[1]と大徳寺開山・宗峰妙超（大燈国師）[2]の大応派の法燈を継いだ関山慧玄を開山として建武4（1337）年に開かれ、以来この法の継承を応燈関と呼ぶ。妙心寺6世住持の拙堂宗朴[3]の時代、足利義満に反抗した大内義弘との関係が深く、義満の怒りは妙心寺に向けられ、応永6（1399）年寺領が没収された。

大徳寺も別格である南禅寺と並び第1位であった時もあるが、後醍醐天皇との関係が深く幕府に反抗した関係から十刹に格下げとなった。

その後、妙心寺の法脈を受け継ぐ日峰は関山派の要請により、自坊の尾張犬山の瑞泉寺を弟子の義天に託し、細川持之の支持を受け妙心寺の復興に尽くした。

永享3（1432）年、妙心寺は日峰宗舜により復興し、弟子の義天は日峰入滅後妙心寺住職となり宝徳2（1450）年、日峰を勧請開山として龍安寺を建立した。これが龍安寺の始まりである。

の文化人が石庭を訪ね、様々な意見を述べたことで今日多くの石庭説が生み出された。その出来事や文化人が著した記録を年代順に記してみた。

- 天永5（1525）年　後に石庭の作者と目された相阿弥[35]没
- 天正9（1588）年　2月豊臣秀吉、龍安寺の糸桜を賞美して歌を詠む
- 延宝8（1680）年　黒川道祐[36]、龍安寺を訪れ相阿弥作庭説をたてる
- 天和元（1681）年　道祐・『東西暦覧記』を著し、龍安寺方丈の大きさを「東西8間、南北5間」と記す
- 天和2（1682）年　道祐・『雍州府志[37]』を著し、龍安寺方丈の石庭を勝元の作庭と断言する。石の数について「其石の大者9個」と記す
- 天明8（1788）年　百井塘雨[38]が「笈埃随筆[39]」を著し、龍安寺の畳石は勝元がつくったと述べている。今の築山は相阿弥の作であり、庭石について「虎の子渡しとして、大岩1つ小岩3〜4つあり」と記す
- 寛政9（1797）年　龍安寺火災（2回目）により方丈、開山堂、仏殿を焼失。後に塔頭の西源院の方丈を移築する（現在の方丈）
- 寛政11（1799）年　秋里籬島[40]『都林泉名勝図絵[41]』を著し、石庭を相阿弥の作庭と記す

3. 龍安寺庭園の空間構成

戸田　今まで龍安寺の歴史とそれにまつわる人物について述べてきたが、石庭だけで龍安寺庭園を論ずるのは危険である。もっと多様な広い視点に立ち、龍安寺の立地から考察を進めたい。「風水と陵墓」、「ロケーションと地形」、「禅の思想と禅僧の存在」などが石庭のコンセプトとデザインに大きく関わったことを理解し、石庭の空間構成を読み解いていきたい。

1）風水から見た龍安寺のロケーション

野村　「背山臨水[42]」と呼ばれる理想的な立地は寒風・大風を避け洪水から身を守ることができる安全な場所であり、日照、清風、清水に恵まれ、健康を約束される地である。社寺は母親の膝の上に座ったときのような安らぎを与える場所として、人に安心をもたらす役割を持っており、龍安寺創建にあたってはそれに相応しい「背山臨水」の地を探して建立している。

　関東では鎌倉の鶴岡八幡宮、建長寺、金沢文庫の称名寺など、風水の理想郷といえる地に寺社が建立されている。京都は都の立地自体が風水に従って出来ているからか、関東程のこだわりは見られない。その中で完璧な風水の理想に従っているのが龍安寺のロケーションで、その空間構成を詳しく見ていきたい。

【コラム-2. 京都山科の天智天皇陵】

　韓国古代の寺院跡を訪ねるとそのロケーションに感心する。南面する伽藍は主山を背にして両袖の輔山が馬蹄形に尾根を下し、風水の教科書そのままの空間に出会える。風水について特別に詳しい訳ではないが、理想的な住まいは山を背にした高台にあり両袖の山に抱かれ、谷がY字型となって合流して南に排水する地形である。これを図形て表すと、女性の秘部そのもの

て、埋葬は再生を願い母の胎内に戻すことであり、石室を子宮と考えれば納得できるだろう。

　日本において理想的な陵墓の代表例が京都山科の天智天皇陵[4]である。市民には御陵（みささぎ）の地名で知られている。東山の「如意ヶ岳」[5]を中心とする山塊が主山で、両軸となる輔山は伏見に向かって延びる東山が西側に、反対の東側は醍醐の山並みとなる。2つの山並みを両足

に例えれば陵は母親の子宮であり、山科盆地全体が天智天皇の陵となる。

　このように考えれば、日本一大きな墓は仁徳陵ではなく天智天皇の陵ということになる。天智天皇陵は後の天皇陵に少なからず影響を与えたと思われ、中でも代表的な例が龍安寺で、陵墓の理想郷である立地だったことが寺を創建する理由だったといえる。

2）天皇の陵墓の配置

戸田 一般に風水が色濃く現れるひとつが墓のロケーションとされている。この地に歴代天皇の陵墓があったが、地形との関係をおさらいしながらみていきたい。

野村 陵墓が築かれる秀れたロケーションは禅の語録に記された「主山」が中心で、その前に盾となる机の形をした「按山[43]」があり、両袖となる「輔山[43]」の存在があるのが理想で、都市や住居も同じ構成を求められることが多い。

　龍安寺方丈裏の西源嶽山麓には前述した3帝に加え、山の間に後朱雀帝皇后で、後三条帝生母の禎子内親王の陵が並ぶ。風水の理想郷といえる龍安寺の背景の地形は陵墓の理想の地として選ばれたのである【図-8】。

　龍安寺の姿は陵墓を抜きにしては語れ

ず、陵墓がなければ今はなき「勅使門」[44]は石庭に存在しなかったと思われる。また、境内や石庭にもその影響は大きく現れており、今もこのあたりの正確な地名は龍安寺御陵下町である。

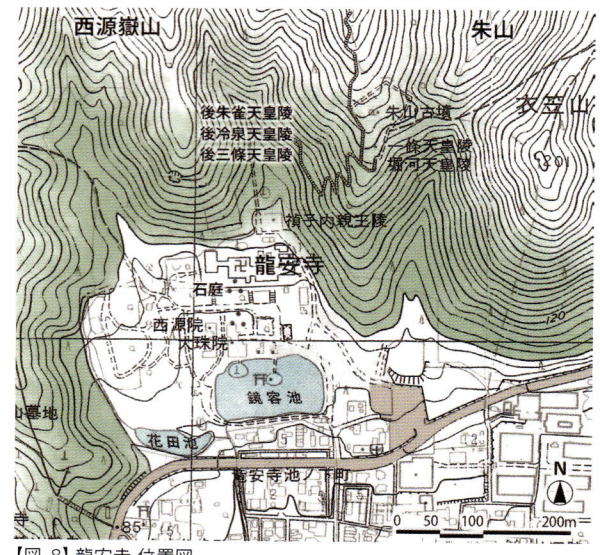

【図-8】龍安寺 位置図

【コラム-3. 龍安寺の周辺と鏡容池の役割】

　江戸時代、龍安寺の寺領は720石余りあった。現在、塔頭は3院だが盛時は23院に及ぶ大寺院であった。龍安寺を物語る町名は東の等持院と西の仁和寺の間にあり、嵐電北野線の龍安寺駅から寺に至る町名の上には全て龍安寺の名を冠している。もっとも龍安寺の名を冠する以前は谷口村と呼ばれていたが昭和6年に変更された。

　江戸時代末期、谷口村は281石余りあり、内訳は龍安寺領186石余り、妙心寺領82石余り、等

持院領12石余りで、谷口の地名は今も駅周辺に残る。しかし、駅から少し歩いた辺りからが龍安寺領となり五反田などの地名からすれば田園地帯だったことがわかる。

　龍安寺の「鏡容池」、その南西にある「花田池」は灌漑用の池で、その水系の下流には法金剛院の園池があり、庭園や周辺の田園を潤していたと思われる。

　京都郊外の山荘や寺院の園池は灌漑のために自領の農地内にあり、単に鑑賞と舟遊びの為だ

けの池ではないことを知っておきたい。このように溜池の設置は金閣寺や比叡山麓の修学院離宮と同様に、地方においても山寺とセットになっている。その池の中に祠を浮かべたのは聖域として、「命の水」を守るためでもあった。

　ちなみに、龍安寺境内は「御陵の下町」という地名で、東の陵（天智天皇陵）に並ぶ西の陵が当地であったことを地名が物語り、都の人々もそのように認識していたと思われる。

【図-10】龍安寺境内 断面図（作図＝野村勘治）

4. 龍安寺における石庭のロケーション

戸田　いよいよ、龍安寺境内の立地について具体的に述べていきたい。これまで記したようにこの地は歴代天皇との関係が深く、それらを理解するには周辺の地形も含めて俯瞰的に見ていかなければならない。まさにランドスケープの視点がここでは必要となってくる。

1）鏡容池から勅使門への軸線

野村　龍安寺庭園を実測した折、庭園の立地を知ることが第1歩と考え、入口にある鏡容池か

ら背後の山麓に至る境内の南北軸の縦断図を作成した【図-9,10】。実測調査での推測と、最も古いと考えられている古図「龍安寺敷地山之図」を参考にして空間の成り立ちを整理した【図-11】。

鏡容池（F）は南部に高さ約5.0m程の堰堤を築いて造成。これは近隣にある大沢池や金閣寺と同じ構造で、南が緩斜面で低くなる京都盆地における池づくりのセオリーに従い、南にダムを築いている。池の広さは東西約120m、南北約70mのほぼ矩形、水深は約70〜80cmで舟遊びの棹が差せる深さである【写-7】。

敷地は池の北岸から北に向かい緩いスロープ

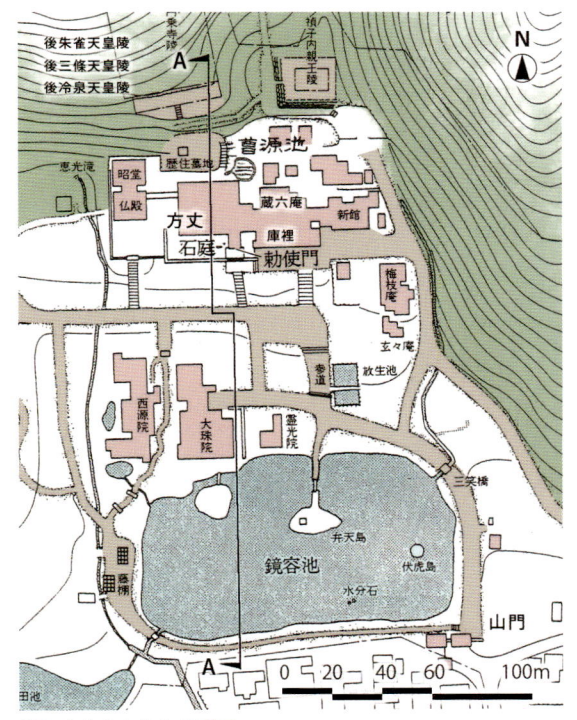

【図-9】龍安寺境内 配置図

A 中門
B 通用門
C 山門
D 土塀
E 南側広場
F 鏡容池
G 2本の大木

【図-11】伝相阿弥筆「龍安寺敷地山之図」（古図）

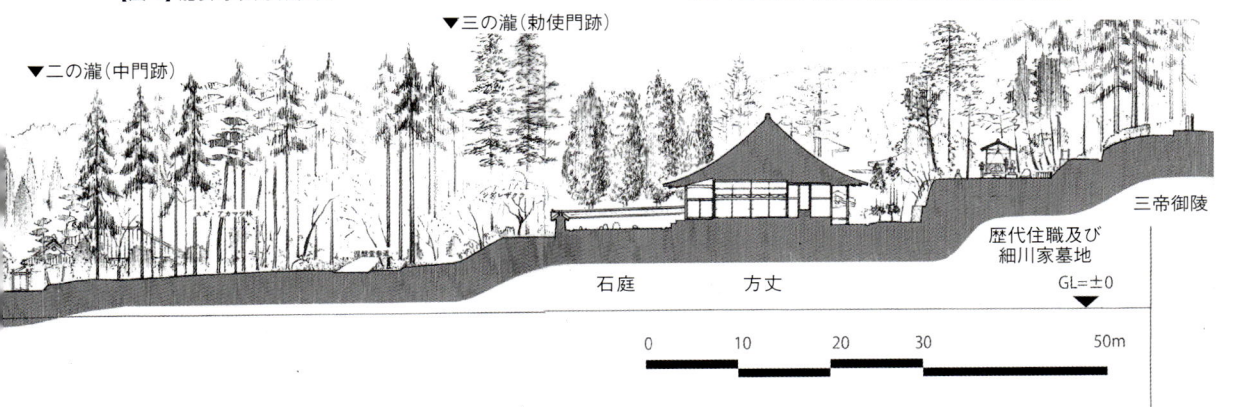

が続き、約80m先に石庭がある。創建時を伝えると思われる古図には、池の幅に合わせて東西に土塀（D）が延び、方丈の中心軸に合わせて中門（A）がある。同じ並びで東側には通用門（B）を設けて、聖俗の結界としている。

　中門の南側は広場（E）となり東部の冠木門の山門（C）が入口で、趣のある松の古木が点在している【写-8】。山門の内側は平坦な空間が広がり、かつて石庭にあった勅使門（J）と中門（A）は正対し、仏殿（L）は中心軸を遮らない西側にある【図-12】。

　興味深いのは勅使門と中門を結ぶ中心軸を南に延長した池の堰堤に、広葉樹の大木（G）が2本描かれていることである。2本の大木の間を通り勅使門と方丈を貫く軸は、方丈裏の天皇の陵墓に至り、龍安寺が陵墓とは無縁ではないことを強く示している【写-9】。

　この軸は石庭（I）を考える上で大変重要なポイントであることを覚えておきたい。

2）方丈へのアプローチ

戸田　龍安寺の地は古来皇室との関係が深いことは先にも述べた。天皇の陵墓に勅使が墓参に来られた時に石庭はどのように使われていたのか、2本の大木から陵墓に延びた軸線と共に考えてみたい。

野村　古図を見ると、方丈（H）へは玄関に繋がる長い屋根付きの廻廊があり、手前は階段で奥が平坦になっていたことが分かる。勅使はその平坦地から西へ進み、当然勅使門から入ったと

H　方丈
I　石庭
J　勅使門
K　廻廊
L　仏殿

【図-12】龍安寺 敷地拡大図

【写-7】龍安寺の鏡容池

【写-8】鏡容池の上の広場

【写-9】鏡容池から方丈に至る軸線

想像される。

　方丈と庫裏の壇は現在とほぼ同規模の東西約70m、南北約45ｍの広さである。その西半分に東西約23m、南北約18ｍの方丈が建ち、その南側の空間が「石庭」となっている。

3）方丈の造成計画

　方丈の背面を見ると建物に平行して高さ5.5m削った崖が立ちはだかり、その北東隅に池がある。池と崖との間を更に上る階段は、歴代住職と細川家の塔所（墓所）に至る【写-10】。ここまでが龍安寺の境内で、断面図を見ても境内は鏡容池を含め、比較的緩やかな斜面の土地を無理なく計画していることがよく分かる【図-10】。

　方丈背後にある崖の肩と、方丈の先を定規で結ぶと軒先まで切土、そこから南は盛土となる。土塀修理時の調査でも盛土は確認され、建築は切土上、庭園は盛土上につくられており、理にかなった計画であった【図-13】。

　境内はここまでだが断面図をもう少し先まで見てみよう。龍安寺の境内地は背面の山の中腹まで続き、方丈の中心軸の先には宮内庁管理の天皇陵がある。

　龍安寺がこれらの天皇陵を守る位置に置かれていることが重要で、そこから寺の役割が自ずと見えてくるはずである。しかし、明治の神仏分離令によって陵と寺の関係が断たれてしまい、石庭と天皇陵との関係も不明になったのである。

4）龍安寺の真の役割

戸田　これまで述べたことから、龍安寺の知られざる姿は天皇陵を護る寺だったことが分かってきた。鏡容池から壇を重ねた空間構成は天皇を祀る壮大な須弥壇、もしくは祭壇と考えればよいだろう。本山ならいざ知らず勅使門が創建時にあるのは、龍安寺開基の細川氏の力も然ることながら、天皇陵に対する設えであることは明白である。

野村　堰堤の一対の大木から始まり、中門から勅使門、方丈へと中心を貫き陵墓に至る軸は、犯すべからずの想いの表れといってよい。龍安寺は「リョウアンジ」と呼ぶが、別の字を当てれば「陵安寺」であり、「霊安寺」となる。

　後程詳しく述べていくが、石庭の石組を禅の龍と見たのは庭園研究家、澤田天瑞であった。中国において龍は皇帝の象徴であり、紫禁城の石段の中心軸には龍のレリーフが彫られている。龍安寺の石組はある意味で紫禁城における龍の表現でもあり、中心の見えざる軸は帝王だけが歩む「ドラゴンロード」として存在した。

　ちなみに、石庭が創建時にあったか否か諸説あるが、私は最初からあったと考える。理由は石組の配置がそのすべてを物語っているからである。

【写-10】歴代住職、細川家の墓とその背後の天皇陵
（1989年4月撮影・非公開）

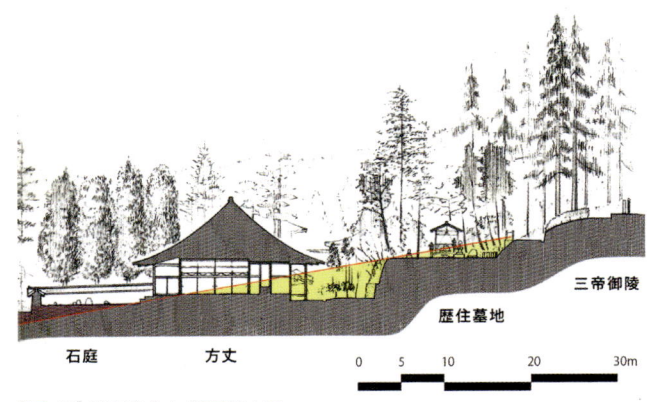

三帝御陵

歴住墓地

石庭　　　方丈　　　0　5　10　　20　　30m

【図-13】龍安寺方丈 断面拡大図

5. 石庭のモデルは旧愚渓寺の庭園

戸田 龍安寺は天皇を慰霊する寺であり、勅使の通路は鏡容池から真っ直ぐに進む「ドラゴンロード」、そして石庭は龍を表現していると理解した。龍を表現していることは以前から澤田天瑞の説がベースにあると聞いていたが、その理論をもう少し詳しく聞きたい。

野村 龍安寺石庭のモデルについて述べていきたい。石庭の祖型となる庭園については澤田説によるところが大である。しかし、氏の研究は最初から龍安寺を目的とするものではなかった。

1) 旧愚渓寺庭園との出会い

野村 澤田氏が庭園と関わったのは岐阜県東濃地方の中仙道六十九次の49番目の宿場、御嵩の古刹・旧愚渓寺の文化財調査からだった。氏は名古屋市公園緑地課の職員だったが、この頃すでに当地方では日本庭園研究の第一人者として知られていたことから、庭園の調査に加わり、結果として龍安寺の研究にまでたどり着いたものである。

旧愚渓寺については永享11（1438）年、後に龍安寺の開山となる義天玄承が愚渓庵を開いたことを既に述べた【図-14】。その後、愚渓庵は寺域を充実して僧堂も整え、時の守護職・土岐政房[45]より寺号の許可を得て、大智山・愚渓寺として山内に5つの子院を有する規模となった。

しかし、理想郷と思われた立地も宗教活動上不便な場所にあり、天保10（1838）年から10年間かけて山裾の現在の地へ移転した。

旧寺地は現在の寺から西北の山腹にあり、急勾配の旧参道を上ると溜池に至り、更に上った壇上に境内跡がある。今は杉林となり石垣もかなり崩壊しているが人の手による改変は見受けられず、移転時につくられた境内図のままの地形が聖域として残っている【図-15】。

2) 旧愚渓寺境内と庭園

戸田 旧愚渓寺庭園に接したことをきっかけに龍安寺庭園へと繋いだ澤田氏は素晴らしい観察眼の持ち主だ。ふたつの寺の開山が義天玄承で

【コラム-4. 禅寺と龍の物語】

禅寺に行くと必ず目にする図像は龍である。図のみならず山号や寺号に龍の字を冠することも多く、取り分け臨済宗の寺院に多く見られる。臨済宗と曹洞宗は共に悟りに至る修行の厳しさが知られているが、そのスタイルはまったく異なる。

曹洞宗が「只管打坐[6]」と称して座禅に徹するのに対し、臨済宗は「公案」と呼ぶ課題に対しての問答から直感力を養い悟りに至るもので、それは禅問答として知られている。

その修行の到達点が悟りで、これを龍に見立てるとともに修行僧の雲水は鯉に見立てた。これは古代中国の黄河中域にあるという龍門瀑の伝説になぞらえ

たものである。禅宗寺院の本山で最も重要な法堂は「仏の教え」を講演する御堂で、他宗での講堂に当たる。ここは師と弟子が問答を行う場でもあり、天井の鏡板に巨大な龍が描かれているのは修行の目標を明確に表したものといえる。

臨済禅の基本的な教育方針は「不立文字・教外別伝」とされている。経典などの文字に頼らず、具体的な表現で導くのでもなく、あえて核心を外した問答と作務と呼ぶ実践を重視した。一方、悟りを得た先人たちのエピソードを知ることや、「悟りとは何か」を求める後続の修行僧のために100の問答が「碧巌録」とし

て編纂された。

この碧巌録のエピソードから臨済禅の龍のコンセプトは発展しており「第7則 法眼答恵超」の解説の頌、及び鎌倉建長寺開山蘭渓道隆が道場に掲げた「省行文」に龍門瀑を例えにして雲水を励ましている。ここから発想を膨らませ、庭園に表現したのが夢窓疎石作庭の西芳寺枯山水庭園であった。

龍を描いた龍安寺方丈の襖

あることを知った時から、石庭の龍にまつわる謎解きの物語が始まった。

(1) 旧愚渓寺の境内

野村　旧愚渓寺境内の入口は山門と長屋門の2箇所、正門にあたる山門は高い石垣の中央に方丈と正対していたが、今は石垣も階段も崩れ出入りは不可能である。

　興味深いのは本堂前の空間で、本来ならば儀式や祭り事の場として空白であるべき広場である。しかし、古図には墨の雫のような大小の墨

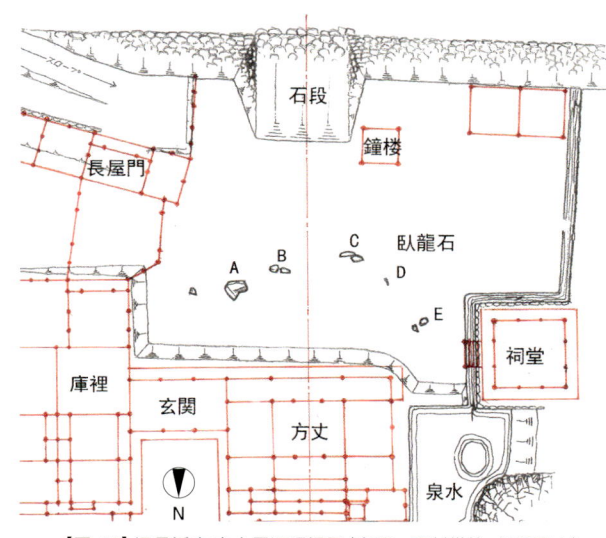

【図-15】旧愚渓寺 方丈周辺現況図（実測＝野村勘治・加藤隆士）

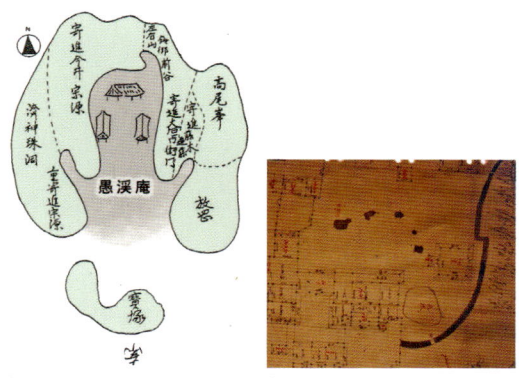

【図-14】旧愚渓寺古図　　【図-16】旧愚渓寺方丈と臥龍石

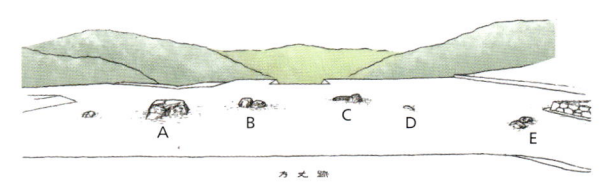

【図-17】旧愚渓寺 臥龍石 透視図

点が中央部に弧を描くように5つ並んでいる。東端が最も大きく西に向かって次第に小さくなり、脇に臥龍石[46]と朱書されている【図-16】。

　寺ではこの石組は義天作と伝えられ、江戸時代の13世・瑞海禅瑠の詩によれば「龍は空しく臥し」の一節があり、古図の朱書と共に石組を「臥龍石」と名付けて敬愛していたことが分かる。龍安寺で忘れ去られたコンセプトが現在の愚渓寺に伝えられていたのである。

　石組は今も調査当時のままに本堂跡の前にある筈だが、残念ながら確信は持てない。私が実測調査を行ったのは1986年だったので、38年が過ぎている。景石の間近にスギを植林しており、当時幹径が20cm程だったが、そのまま成長していれば根が石組を壊している可能性も出てくるから心配だ。

(2) 龍を表現した庭園

　本来、見るべき方丈からは樹木や草叢に隠れ、石組全体は撮影できなかったため、各々の石組をスケッチした。この透視図と古図から見てもこの庭園が龍を表現したものだと想像できる。【図-17】

　石組は東（左）の大石（龍頭石）（A）を頭として龍が東に向かう姿で石を組んだのは間違いないだろう【写-11】。図では、右に続く（B）（C）の石組と本堂と山門の関係性は正確に描かれていない。そこで実測したところ、本堂と山門は正対して中心軸が（B）と（C）の石組の間を通り、左右対称に配されていることが判明した。

　しかし、分かったのはそれだけで、当時の自分にはその意味するものは何かまでは想像でき

【写-11】旧愚渓寺 庭園の石組の一部

なかった。今回、龍安寺庭園を調べる中で徐々に二つの庭園の関係性が見え始めてきた。

二つの庭園の共通点を整理すると以下のようになる。

- 方丈又は本堂の南庭である
- 石組や景石が南庭に点在する
- 南庭の中央に門があり、門と方丈の中心を結ぶ軸線が石組の中央部を通る

澤田氏は龍安寺庭園との共通項を旧愚渓寺庭園の石組に当てはめて、この庭園が龍安寺の祖型ではないかと推測した。つまり、龍安寺庭園は両寺を開山した義天玄承が旧愚渓寺に続いて作庭した可能性が高いと推定したのだ。

旧愚渓寺の庭園を解析し、それを発展させて龍安寺石庭のルーツにまで結びつけた澤田氏の慧眼に感謝しなければならない。

6. 龍安寺石庭の謎を解く

戸田　ここまで、枯山水庭園の歴史や室町時代の禅寺庭園の流れを概観した。そして、平安時代から続く龍安寺が「円融寺」から始まり「徳大寺」へ、さらに義天玄承により「龍安寺」として開山した歴史を述べてきた。

また、「石庭」の謎を解くために龍安寺のロケーションと境内の空間構成を考察し、龍安寺が持つ大切な役割にも触れた。さらに、龍安寺石庭にはモデルがあることが分かり、岐阜の山奥にある旧愚渓寺の庭園についても論じた。

ここから、石庭を解剖して建物配置と石庭との関係、個々の石組の具体的な意味について述べ、これまでの「石庭解説」にはない新しい視点で「龍安寺庭園論」を展開したい。

1) 庭園のコンセプトとは何か

戸田　龍安寺庭園の作庭者である義天は「旧愚渓寺庭園」と「龍安寺庭園」を同じコンセプトで作庭した。これを切り口として石庭を解いていく

が、その前に一般論として日本庭園におけるコンセプトとデザインの意味を、今一度考えてみる必要がありそうだ。

(1) 日本庭園のコンセプトを見抜く楽しみ

野村　海外の庭園は彫像など具象的表現が多く、比較的意味が分かり易い。一方、日本庭園はいささか抽象的表現が多くて分かりづらい。その理由は天然の庭石を骨格にしたことと、あえて直接的な表現をしないことにあった。

名景や名勝を写す庭園は比較的分かり易いが、日本庭園の大半は憧憬として、中国の名勝や故事に基づくものが多い。さらに、殆んどは実景ではなく理想化した想像の山水であり、一層理解を困難にしている。

ただ、よく見れば鑑賞の手ほどきは用意されており、庭園名や園内のポイント、エリアの名称などがテーマを暗示、それを手掛かりとして解くことができる。

ただし、漢詩や経典などの引用が多く、予備知識が必要とされる。日本庭園は世界の庭園と同じように目で美しさや安らぎを享受できるが、コンセプトを知らない人には3Dの映像でも音声が無いに等しく、それでは見たと言えないだろう。一方、コンセプトを知る者にとって、庭園は物語を体験する劇場となり、視覚から「知覚の世界」へと分け入る。日本庭園の楽しみは視覚だけではなく頭脳で見ることに気づくはずだ。

禅の庭園は享楽を目的とせず、庭園に対して思索し、悟りへと導く方便としてつくられている。それは言葉によらない禅の教えを包む衣であり、大半は「偶意の庭園」である。龍安寺の石庭はその代表的存在で、庭の謎解きを含めた対話により、作者や禅を知る庭園であった。

(2) 龍安寺石庭のコンセプト

野村　石庭のコンセプトを解いた人は前述した澤田天瑞、半生を日本庭園のコンセプトの研究に取り組んだ人物である。氏の研究の始まりが龍安寺の庭園で、高校生だった私は氏の講義を聞き深い感銘を覚えた。私の日本庭園との縁の

始まりはその体験だった。

　後に、私は重森三玲の門下となり、庭園実測に携わったことを切っ掛けとして、庭園空間を客観的に見る目を養った。後年、改めて名園をコンセプトの面から体験するような見方を度々経験、そのひとつが龍安寺であった。

　禅のコンセプトによる解釈に、龍安寺の歴史と実測から、導き出した答えが今回の骨子である。

2）龍安寺境内の空間構成

戸田　さてこれから龍安寺庭園の石庭について語りたいが、今まで述べたことを以下に整理した。

● 当地は歴史的に皇室と深い関係があった
● 当寺の立地は風水の理想郷であった
● 龍安寺開山の義天が開いた旧愚渓寺に石庭
　のモデルが存在した

野村　改めて龍を重ねて境内を巡ってみよう。山門を入って左手に広がる池が「鏡容池」（F）で、龍になろうとする鯉の栖(すみか)である。祖型となる旧愚渓寺にも溜池があり、同じ見立ての設定であると鏡容池が教えてくれる。

　鏡容池から上った池辺に塔頭の大珠院[47)]があり、この護岸が1つ目の壇。大珠院の北側の小さな壇が2つ目で、中門（A）と通用門（B）を結ぶ塀のラインがこれに該当する【図-11】。

　中門を入ると仏殿（L）若しくは法堂(はっとう)[48)]が左側にあり、中門から方丈（H）の土壇の法尻までが広場となる。突き当たりの方丈と石庭（I）はそ

【コラム-5. 龍安寺からの眺望】

　龍安寺庭園は借景の庭園であり、仁和寺[7)]の五重塔が眺められたという説がある。仁和寺は龍安寺の南西にあり、以前龍安寺の裏山に上がった時、五重塔が西側の奥に見え、これなら方丈からも五重塔が見えたのではないかと思った。

　方丈は塔の建つ標高より10m高いが、塔は約36mの高さで、石庭の土塀を入れても20m以上程高いはずだ。しかし、これは山が丸裸であることが想定で、実際にはほとんど樹木で見えなかったと思われる。

　最も参考とされる「都林泉名勝図会」では、「当山に八景あり、是みな方丈よりの遠景を以て風色とす。東山仏閣（清水寺他）、八幡源廟（石清水八幡）、伏見城跡、淀川長流、東寺の宝塔、花園暮鐘（妙心寺・黄色調梵鐘）雲山虹松、隣院紅葉」としており、都の名勝や近景と思われる松や紅葉の名所が並ぶが、仁和寺についての記述はない。

　興味深いのはその後の記述で「この地は文明年中（1469-1487）細川右京大夫勝元の別荘なり。この人、書院に坐して遙かに八幡源廟[8)]を毎事拝せんがために、庭中には樹木植えさせず」と続く。源氏中興の八幡太郎義家の八幡とは「石清水八幡」であり、鎌倉の鶴ヶ岡八幡の本元である。

　清和源氏に始まる細川氏にとって諸々ある都の名勝以上に尊い存在は「石清水八幡」が鎮座する「男山[9)]」で、低くとも源氏の神聖な山を勝元が日々遙拝したのも頷ける。勝元がこの地を取得したのはこのロケーションが大きいと考えられる。

　男山は方丈の中心より右（西）に5°振った方向にあり、南北軸上にあるのではない。正面には勅使門があり男山と重なるので、わずかに振れば神社のある山頂付近が微かに姿を見せる。正に男山を拝むための方丈であり、男山を背景とした石庭の龍の姿は一層、想いの深い景となって

いたはずだ。

　借景は名景だけではなく、想いを深く持つ対象を主題とすることが多く、その理解により庭園の奥行きはさらに深まり鑑賞の楽しみも増してくる。

龍安寺裏山より仁和寺（五重塔）を望む

今は無い勅使門を通して見えない石清水八幡のある男山の方角を望む

の上の壇上にあり、3つの壇を合わせて龍門瀑の3段見立てとなっている。

　最難関の3段目となる法面の高低差は約3m、最後が格別に高いのは西芳寺庭園の龍門瀑と同じ設定といえる。

3) 石庭は臥龍を表現

戸田　さて、この三段を上った鯉は龍となったが、それはどんなデザインで表現されているのだろうか、方丈から石庭を細かく見てみたい【図-18,19】。

(1) 石庭の全体構成

野村　石組は全体で5群に分かれる。一般に方丈の庭園は中央や各々の部屋に合わせたビューポイントがあり、そこから美しい構図で見たり、コンセプトが理解できるようにつくられている。龍安寺も同じ構成で、左右に配された石組は「やじろべい」のように大きな石を両端に配して絶妙なバランスをとり、辺りは心地よい緊張感に包まれている【写-12】。

　方丈は石庭に対して3室あり、経を読み師弟の禅問答の場である中央の「室中」、東側の庫裏に近い側が前室となる「礼の間」、その反対側が「客間（檀那の間）」となる【写-13】。石庭は全体にバランスが取れた石組だが、客間を多分に意識したつくりでもあることに注目したい。何故なら、5群に分かれた石組の主要部が右側（西側）客間前にあるからだ。【写-14】

(2) 第1群の石組

野村　これから5群に分けて石組を各々説明し

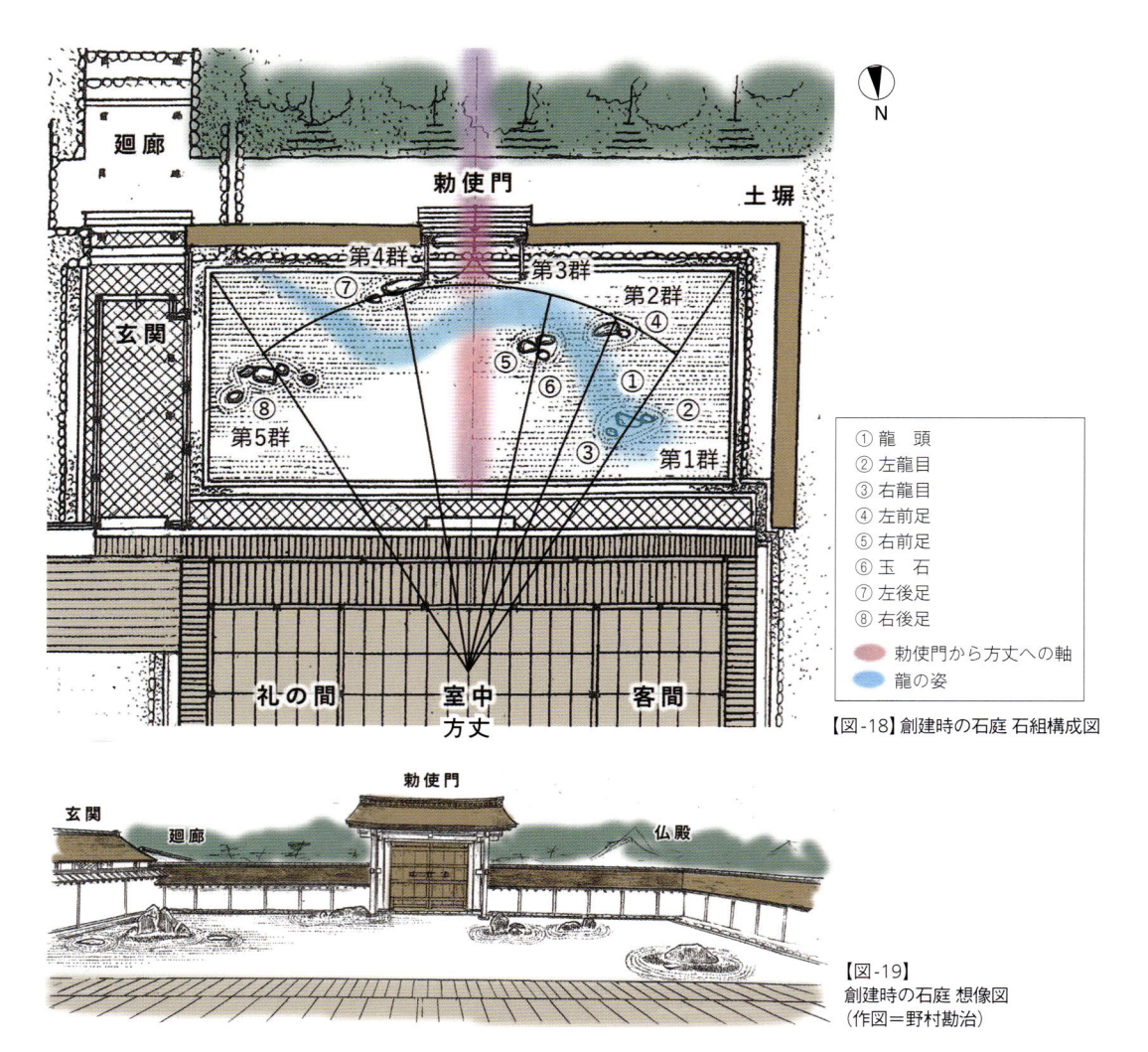

① 龍　頭
② 左龍目
③ 右龍目
④ 左前足
⑤ 右前足
⑥ 玉　石
⑦ 左後足
⑧ 右後足

🔴 勅使門から方丈への軸
🔵 龍の姿

【図-18】創建時の石庭 石組構成図

【図-19】
創建時の石庭 想像図
（作図＝野村勘治）

ていきたい。右端西の客間前の第1群は大小3石、中央の大石をよく見ると爬虫類の頭そのもので、これが龍頭石①。龍頭石の左右の地面に張り付けたような不自然にみえる2つの石が両眼②③として置かれている【写-15】。

龍の絵を鑑賞する場合、頭から尾へと辿るのが一般的な見方である。従って石庭は右から左に見る鑑賞が相応しく、龍を表す石組の配置がそれを語っている。

(3)第2群の石組

2群・3群は前足で、向かって右の2群が左足④、左側の3群が右足⑤となる。胴体はその間にあって鑑賞者のイマジネーションによって浮かび上がる仕掛けになっている。2群の石は大

小2個で右が方形の立石、左の石はそれよりやや低く上部は弧を描いて横たわる【写-16】。

(4)第3群の石組

一方、3群は3石で第2群とは対称的に右に低く横たわる石を据え、左に姿の良い青石を立て、その右手前に立石とは不均衡なほどの小さな丸い石⑥を据えている。澤田氏はこの丸い石を爪としていたが、私は飛龍49)の必須アイテムである玉(ぎょく)だと思っている【写-17】。

横たわる石は胴と肘との間の上腕、立石は肘と手首の間の前腕である、などと想像して欲しい。この腕の形は腹這うトカゲの腕の形態を見るようである。

さらに見れば、3群の石組は2群に寄り添うと

【写-12】東側（左）から見た石庭

【写-13】方丈の室、左から「礼の間」「室中」「客間」

【写-14】西側（右）から見た石庭

【写-15】第1群石組の3石①②③

【写-16】第2群石組の2石④

【写-17】第3群石組の3石⑤⑥

いうよりは外へ向かうベクトルを感じ、お互いに引っ張り合う関係にある。この石庭を名庭にしている緊張感は、この2群と3群の石組によるものといえる【写-18】。

次の3群と4群の間は他に比べて間が広い(約4.5m)のは創建時に勅使門があり、中央の余白は勅使の参道の名残りで、それが石庭の中心軸でもある。この軸の余白こそ庭園本来の姿や歴史を知る上で、欠く事のできない存在であることを知っておきたい【写-19】。

(5)第4群の石組

4群は勅使門に向かって左側にあり、他の群と比べ極端に塀寄りに組まれている⑦。塀というよりは門の控柱に寄り添う存在だったと思われ、2・3群の前足に対して4・5群は後ろ足となる。前足は頭部と共に比較的リアルに再現しているが、後ろ足は島影や雲海の頂を思わせる自然の風景に倣うようなナイーブな表現である。

私の解釈では上半身は雲上に抜け出した龍の姿だが、下半身は未だ雲に見え隠れしている状態となる。全てをリアルに表現して神秘的な趣を無くすのを避けるため、意図的に表現を控えたと思われる。石組は横に広がり、前足より長い爬虫類の後ろ足を暗示するものとなっている【写-20】。

さらに4群の優しい石組は2石合わせて門を景観的に修景する目的もあったはずだ。雪舟の常栄寺庭園[50]には楼閣周辺の景観を整える石組があり、3・4群の石組の意図するところはそれらと同様の感覚といえよう。

(6)第5群の石組

5群の石組は大小5個で中央の大石は高さ3尺3寸(約1.0m)その両脇には約0.4mの立石を立て、明らかに意図的な三尊石組[51]⑧である。さらに、少し離して地面に貼り付けたような小石を白砂の中に据えている【写-21】。

大石を中心にして裾を広げる三尊仏の姿を思わせる実に堂々とした構えで、他の石組と一線を画す風格を感じる。脇侍石(きょうじいし)[52]は本尊石に対して撫で肩で小さく、西芳寺や金閣寺の三尊石に似る古風なスタイルである。

5群は石庭の玄関側にあり、それほど意識もなく通り過ぎてしまうが、改めて見直すと三次元の三尊石3石と、地面に貼り付けた二次元の2石が事なげもなく左右に連係し、5石の石組が成立していることに驚く。ちなみに、5群の主石は石庭の中で一番大きいが、旧冨渓寺も左端の石も極めて大きい。共通する表現は単なる作者の好みとも思われるが、方丈と庫裏との結界を表現しているとも思われる。

ここで1群の石組を思い起こすと龍頭部は三次元、地面の両眼は左右対称で二次元、この組み合わせは5群と同じである。この稚拙ともいえる表現は専門職の庭師や絵師などでは発想で

【写-18】第2群と第3群の構成

【写-19】第3群と第4群の間にはかつて勅使門があった

【写-20】第4群石組の2石⑦

【写-21】第5群石組の5石⑧

【写-22】石庭東側、第4・5群の石組

きるものではない。むしろ、「庭を庭とも、石を石とも思わぬ人」禅僧にしかつくれない自在な発想の石組であると私は感じた。

(7)石庭は何を表現したのか

石組をもう一度1群から5群まで見ていきたい。方丈の縁側からは龍の全体が眺められ、右の「客間」からは龍の頭部を圧縮した構図で見せ、中央の「室中」からは勅使門と地を這う龍が霞のように絡み、参道両脇の石組は勅使門や参道に寄り添う景色を組んだように見える。左側の「礼の間」からは庫裏と方丈の聖域を護るかのように、三尊石が置かれているのが見逃せない【写-22】。

常識的な発想の龍なら、長くうねる胴体を表現するところで、実際そのような庭園もいくつか存在する。しかし、龍安寺の龍は胴を消し、手足により見る者の想像力に委ねる発想で、むしろ龍の迫力をより感じさせ見事というしかない。それはこの石庭を龍と解いた者だけが体験できる世界なのである【図-19】。

「不立文字[53]」・「教外別伝[54]」とする臨済宗の教えは文字によらず、以心伝心で伝えると解くが、ヒントはあっても答えは自分で出さなければならない。龍の輪郭の部位を表し胴体を消す表現はある意味で、禅の本質を見事に形とした石庭ではないだろうか。

石庭であることの前に寓意があり、その寓意をいかに表現するか、考えた答えが龍安寺の石庭なのである。

ここまでの記述は今より規模が大きかった創建時の方丈と石庭の状況を想像しながら述べた。後に建てた建築との詳しい関係性については後に述べたい。

戸田　石庭の構成とその意味するものが整理された。石庭全体は「横たわる龍」を表現、5群に分けて配置した石組が各々の部位を表現していることも理解できた。また、勅使門から方丈に向かう軸も明快に石組で示されているのが分かった。

龍をコンセプトにしていることや勅使門からの軸線をとる構成など、これら全ては天皇に対する敬意の表れであり、これこそが龍安寺の原点であったことを石庭が示している。

さらに、前述した旧愚渓寺の庭園がなぜ龍安寺石庭の祖型であるのか、石組の構成を通して考えてみたい。

4)旧愚渓寺庭園との比較

野村　改めて祖型と思われる旧愚渓寺庭園と龍安寺庭園を比較すると、2つの庭園は驚くほど似ていることが分かる。旧愚渓寺庭園の石組をA〜Eの5群に分け、コンセプトを確認しながら龍安寺石庭と比較したい【図-20】。

庭園は向かって左端に大きな石のA群を頭部として配し、右側へと石組が続いている。つまり東向きの龍である【写-23】。

仏教的には東は現世利益の薬師浄土[55]で、薬壺を持って薬師如来が衆生を救済する。若かった義天は自らの禅で人を導き、弟子を牽引する意気込みが東に向いた臥龍に込められているように見える【写-24】。

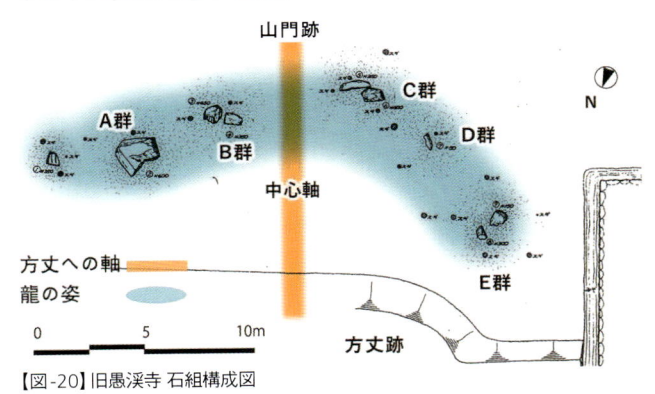

【図-20】旧愚渓寺 石組構成図

【写-23】C群からA・B群を見る　【写-24】A群の石組

一方、龍安寺は西向きで、西はいわずと知れた極楽浄土、御陵に眠る帝を想う心根が感じられる。龍頭石も旧愚渓寺の方は角張って力強いが、龍安寺のものは肩を下ろした穏やかな風情を見せている。

興味深いのは龍安寺の3群・4群と旧愚渓寺のB・C群の石組で共に左右対称で、本堂と正対する山門を結ぶ軸線がこの間を通る【写-25,26】。そのため参拝者は龍の背を跨いで堂に進むことになり現世利益は間違いなしだ。

D群は龍安寺と同じ形をしているが申し訳程度の小石が一石、E群は2石でB・C群の石組より一廻り小さい【写-27】。

龍安寺はW字形配石の間をうねる胴が透けて見えるが、旧愚渓寺の配石は単に弧を描き胴を通していない。むしろ、後ろの石組は雲海に見え隠れする背や尾で、D群の小石もその意味ではリアルな表現といえる。

このような寓意は少なくとも江戸時代の中頃まで、「龍のエピソード」として龍安寺にも伝わっていたようだが今は語られていない。都から遠く離れた美濃の旧愚渓寺に、辛うじて庭園の物語が図で残されていたのは幸いなことだったといえる。

7. 建築から見える石庭の姿

1) 石庭と建築の関係

戸田　今日「石庭の謎」については百家争鳴の時代で、それらの説を聞く楽しみも龍安寺石庭が持つ懐の深さからであると理解している。

龍安寺庭園のモデルとなった旧愚渓寺の石庭発見は、「龍安寺石庭の謎」を解く大きな手掛かりとなった。ここではさらに龍安寺方丈建築の変遷と間取りについて、庭園との関係も含めて見ていきたい。

野村　方丈は2度焼失し、その度に再建された。宝徳2（1450）年の創建以来、「応仁の乱」で文明4（1472）年に焼失し、長享2（1488）年に再建された。江戸時代末期の寛政9（1797）年にも焼失、塔頭の西源院方丈を急遽移築し今に至っている。

現在の方丈は焼失前より一廻り小さいだけでなく、玄関の中心軸に東側の広縁を合わせた結果、東に大きく寄ることになり、石庭の中心軸と方丈の中心が約5mずれている。この結果、勅使門からつながる参道だったはずの石組3群と4群の間は方丈の中心軸から外れてしまった。

方丈の中央、「室中」からは勅使門と門の裾を整える石組（4群）による端正な景観が演出されていたのに残念だ。東端の5群石組は「礼の間」（住職の間）から最も近く据えられ、石組は部屋の奥からでも見えるよう大きな石を使用している。この三尊石は入口側からは衝立の役割も兼ねて聖と俗の結界となっており、堂内をあまねく照らす仏の仮の姿として、日常さり気なく拝む存在だったと思われる。

また、「客間」で行われる法事の列席者は中央を向き、少し右に首を振れば石庭が見えるように配慮している心遣いも忘れてはいけない構成である【写-28】。

2) 石庭と土塀の関係

戸田　建築に続いて石庭を取り囲む土塀も鑑賞する者の目を引く。この土塀は石庭を効果的に見せる工夫がされているというが、実際はどの

【写-25】B群の石組

【写-26】C群の石組

【写-27】E群の石組

ようにしているのだろうか。

野村 龍安寺石庭にとって土塀の存在は重要で、油を練り込んだ油土塀として知られている。この土塀は塀の高さ、屋根の幅の変化で南東隅から南西隅へ遠近感を演出して石庭を広く見せているといわれていた。

今から45年ほど前に土塀の屋根は瓦から柿葺きとなった。以前は屋根の瓦が石庭の南西の隅に向かって少し重なりを深くしていたように見えたが、今では確かめようがない【写-29】。私が塀を測ったのは柿葺きになって間もない頃で、実際の高低関係がどうだったか判るように図をつくってみた【図-21】。

庭園の地盤高を見ると右手前(北西隅)が最も高く(+0.3)、対角線上にある左奥(南東隅)が最も低く(±0)なっていて高低差は約30cmある。そして、北西隅と南西隅(+0.2)の高低差は

約10cmで南側の西と東での高低差は20cmとなる。

南側の土塀自体の高さは右(南西側)が約2.3m、左(南東側)が約2.25mで、ほぼ水平だが実際は地盤高により西が東より25cm高く、南西隅は低いどころか高くなっていた【写-30】。一方、西側の土塀は庭の雨落のラインよりも北へ3.5m長く延びており、江戸初期の図と同じ位置までである。

北西隅の土塀が始まる地盤(+0.55)は石庭の北西隅の地盤(+0.3)よりさらに約25cm高い。北西隅の塀の高さは2.65mで屋根高は3.2m、南西隅の塀の高さは2.3mで屋根高は2.5mとなり、北から南へ向かって屋根は70cm下がっている。

石庭を広く見せているのは南側土塀の高さではなく、西側土塀の屋根ラインによるところが

【写-28】「客間」から石庭を見る

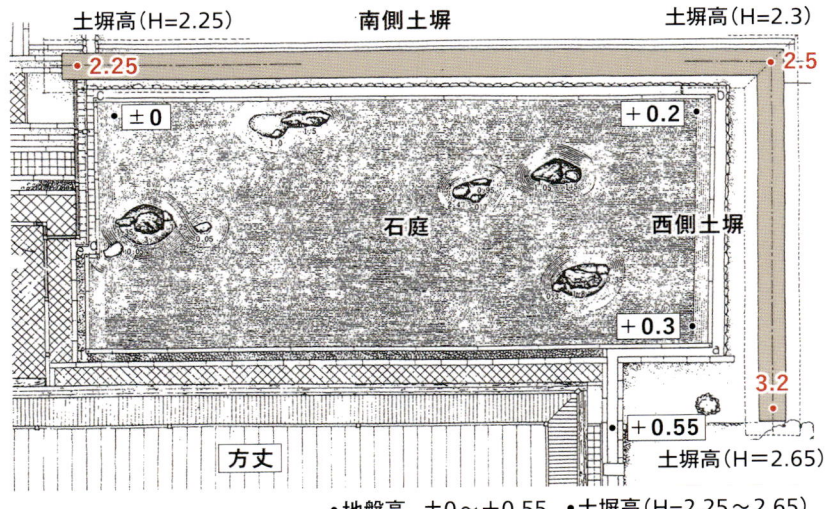

【図-21】地盤と土塀の高さ関係図

・地盤高　±0〜+0.55
・土塀高(H=2.25〜2.65)
・土塀の頂部高(2.25〜3.2)

南側土塀　土塀高(H=2.25)　土塀高(H=2.3)
・2.25　±0　+0.2　・2.5
石庭　西側土塀
+0.3
3.2
+0.55　土塀高(H=2.65)
方丈

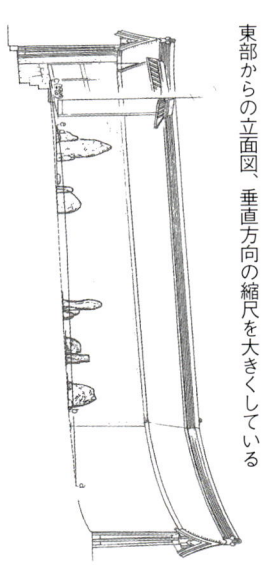

東部からの立面図、垂直方向の縮尺を大きくしている

大きいことが分かった。

　寛永9（1797）年の火災以前は方丈から仏殿に通じる渡り廊下が西側土塀に接してあり、土塀の庇が頭に当たらないように庭園端部より高くして、摺り合わせた為に高低差が生じたのであろう。

　いずれにしろ、土塀の高低差は景観的に遠近感を演出する為につくられたものでなく、方丈や廻廊の高さと摺り合わせる為で、それが思わぬ効果を生んだといえる。

　後年、この手法を意図的に庭園の演出に利用したと思われるのが小堀遠州の南禅寺方丈庭園の南側の土塀だが、この場合も建築との調整を兼ねてつくられている。

【写-29】土塀が瓦だった頃の写真

【写-30】西側土塀の高さに注目

【コラム-6. 手水鉢と竹垣の意匠】

　龍安寺の方丈の裏によく見掛ける手水鉢が据えられている。低い円筒形の石の水鉢で直径55.5cm、円の中に一辺22.5cmの正方形の水穴を掘る。銭形の手水鉢で、水穴を口の字に見立て、4周に「五」「隹」「疋」「矢」の字を浮き彫りとし、「吾、唯、足、知」（われ、ただ、たるを、しる）と読み、略して「知足の手水鉢」として知られている。

　由来は「老子道徳経[10]」の「足るを知る者は富む」からて、一般的には足るを知って分相応のところで心の満足を見いだすことと解釈され、これは仏教や東洋道徳て重んじる徳目である。

　寺伝では水戸徳川家2代光圀からの寄進で、「大日本史」編纂の折、資料借用の御礼とのことである。実は展示している手水鉢は「写し」で、方丈の縁側から見て庫裏の手前に見える茶室「蔵六庵」の露地に本歌がある。

　ちなみに「蔵六」とは、頭・尾・四足の六つを内に蔵する亀の異称である。石庭は龍が頭と足を表現して胴を消したのに対し、胴以外を消す亀の比喩により石庭の答えを暗示している。茶室は後世のものだがこれて一対としたのだろう。

　龍安寺オリジナルの龍安寺垣は今でこそ参道に沿ってあるが、方丈東庭にあるものが本歌である。特徴は胴部を菱目としており、見方を変えれば龍の鱗に見え、龍門瀑を上る龍を表現しているといえる。菱目は法面に合わせてつくるには都合良く、昭和初期の頃の作とする説があるが、作者は庭園のテーマである龍を知っていたといえる。

　ここにも物語の肉付けに出会うことができる。

知足の手水鉢

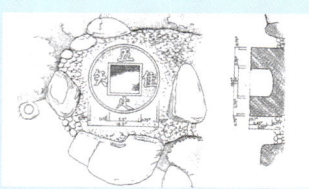
龍安寺手水鉢 詳細図（作図＝野村勘治）

階段を上る龍安寺垣

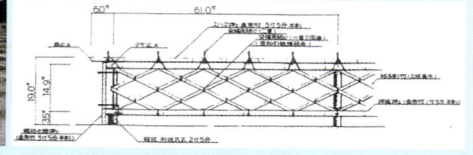
龍安寺垣 詳細図（作図＝野村勘治）

028

おわりに

野村　「龍安寺の謎」とされる石庭は、「誰が・いつ・何を」つくったか、もう一度整理したい。私の説は澤田説から発展させたもので、その答えは以下である。

●誰が・・・
龍安寺を開山した義天玄承が作庭
●いつ・・・
龍安寺創建時、室町時代宝徳2（1450）年に作庭
●何を・・・
臥龍をテーマに作庭（碧巌録第7・18則による）

　澤田天瑞から龍の話を聞いたのは高校時代で、その後東京農業大学に入学して間もない頃、友人の石井英美君に披露したところ、大学のサークル「日本庭園研究会」へ誘われ入会した。

　それが切っ掛けで重森三玲先生の門下となり名園の実測に携わり、後年龍安寺を実測する機会を得た。私は澤田説を実測から確かめたい思いを抱いての取り組みであった。

　本書をまとめるにあたり旧愚渓寺と龍安寺の庭園実測図を見直し、歴史を調べて見えてきたのは、天皇に対する尊敬の念が計画の骨格にあったということだった。それを物語るのは龍安寺の古図にある2本の大木、山門、勅使門で、旧方丈を結ぶ見えない「龍の道」をそこに発見した結果であった。

　碧巌録をコンセプトとする禅の庭園にしたのは義天だが、底辺には天皇に対する義天の深い想いが重ねられていることを重く受け止めたい。勅使門は創建時にしかなく、応仁の乱の後には再建されていない。しかし、石組の3群と4群の間の余白は約4.5mあり庭園の中心を通り、勅使の道として空けていることは明らかである【写-31】。

　ちなみに、最古の境内図に勅使門は描かれても庭石は描かれていない。これは境内図であって、庭石に関心は寄せられていないからだ。当然あってしかるべき江戸時代の境内図にも庭石は描かれていない。庭園というよりは広場として空間認識していたからである。

　作庭されたのが勅使門のなくなった「応仁の乱」以後であれば、見えない道にこだわって作庭する必要はないとするのが私の結論である。

戸田　表層的な「かたち」の議論だけでは庭園の本質は見えず、「かたち」の構造である「かた」、そのベースとなる「か」、コンセプトまで解明しなければ庭園の真実には届かない。

　また、龍安寺全体を大きな視点で捉えると、石庭から境内の寺院配置にまでコンセプトは広がり、さらに周辺の山川を含めた地域の解析が庭園理解に必要になることも分かった。龍安寺は山々に囲まれ、風水に恵まれたロケーションにある。鏡容池、参道、石庭、陵墓をつなぐ中心軸が「龍の物語」となり、その核となったのが石庭である。

　ランドスケープアーキテクトが担うべき大空間のデザインプロセスは600年近く前、すでに龍安寺庭園で実践されていたのだ。私たちは数多くある「石庭の作庭論」の呪縛から解かれ、素直な眼差しで石庭に接し、自分なりの「石庭の物語り」を語ってはどうだろう。

　私は龍安寺の石庭が存在する日本に生まれたことを誇りに思いたい。

【写-31】再建後も創建時と同じ位置にある現在の玄関

鶴亀石組の意味と表現
〜鶴亀の先に何が見えるか〜

はじめに

　日本庭園の解説書を開いてみると多くの庭園用語が出てくる。中でも目につくのが「鶴島」と「亀島」である。「鶴と亀」は、古来より「幸福」を表す象徴的な意匠とされてきたが、今ではあまり身近なテーマとはいえなくなってきている。庭園は基本的に「壽ぎ」の空間としてつくられ、浮き世の「穢れ」を排除した世界とされてきた。では、庭園においてそれらの思想はどのような手法で表現されてきたのだろうか。

　ここでは歴史を遡って、「鶴や亀」を石組などで表現した庭園を取り上げ、表現の意図と技法を読み解いていきたい。鶴亀石組は具体的な造形としてつくられるが、その鶴亀石組の空間に潜むコンセプトや仕掛けを探るのが今回の狙いである。

　「日本庭園の骨子は石組にあり」と言われる割には石組の意味を深く語ることは少なく、もっと多様な角度からの考察が必要だと思う。ここでは、石組の寓意を語るだけにとどまらず、ランドスケープデザインからの視点も重ねて視野を拡張し、時代の変化と共に地域文化に根ざした鶴亀石組のデザインを明らかにしていきたい。

1. 鶴亀蓬萊思想の発祥と展開

戸田　飛鳥時代には仏教の伝来と共に中国から多くの思想や芸術が日本に伝えられた。中でも庭園の姿に大きく影響を与えたのが神仙蓬萊思想[1]であり、古事記にもそれは記されている。庭園における具体的な表現として、蓬萊・方丈・瀛洲などの島々が池泉につくられ、蓬萊山、鶴亀石組という呼び方にその名を残した。

　蓬萊思想の影響を受けた庭園は中国の「漢」の時代にまで遡り、武帝[2]は庭園に4つの神仙島を設けたと記されている。また、「秦」の始皇帝は蓬萊島にあるとされる不老不死の妙薬の採取を徐福に命じたことはよく知られている。

野村　この蓬萊島は現在の山東半島と大連を結ぶ海域、渤海にあったとされている【図-1】。この海域は霧や蜃気楼が度々発生し島々が現れてはゆらめき、やがては消え去る。人々はそれを巨大な亀の背に乗った島だと理解していた。今も蜃気楼が見られた海岸のまちには「蓬萊」の地名が残っているほどである。

　元来、神仙が棲み不老不死の仙薬があるという神山は、中国の深山幽谷を分け入った所とされていた。しかし、始皇帝の頃、渤海にある島を神山と見立て、東海の遙か沖（渤海）に浮かぶ島を「蓬萊島」と呼んだ。

　古来、中国には何事も陰陽和合[3]に照らし合わせて完全とする習わしがあった。始めは亀ありきで蓬萊島が生まれたが、亀だけではバランスが取れず鶴が登場した。四神相応[4]に照らせば、「北の玄武」は亀で、これに対応するのは

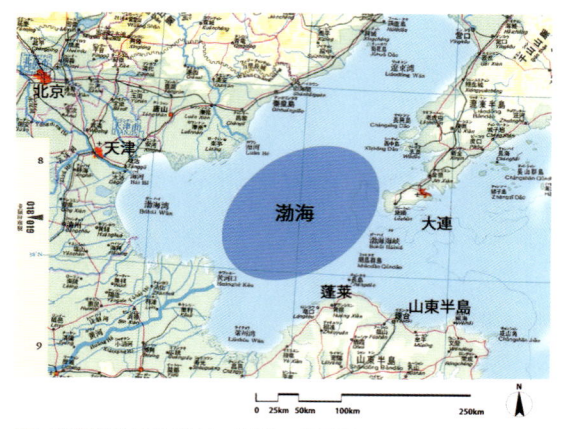

【図-1】蓬萊島伝説が伝わる渤海の位置図
（1985年平凡社発行「世界大地図帳」より引用）

「南の朱雀」だが、中国の北部、山東省に飛来する鶴を朱雀に見立て、仙人の乗り物として「鶴と亀」を取り合わせ、陰陽和合とした。

戸田　ちなみに、陰陽五行説に始まる「取り合わせ」は「対の概念[5]」として発展し、取り分け「陰と陽」は日本の文化全般に大きな影響を及ぼすことになった。陰陽の表現は私たちの身近な所にあり、左右対称に置かれた神社の狛犬は、口を大きく開いた「あ」と、閉じた「うん」で構成されている。

　絵画でも俵屋宗達[6]の「風神雷神図」【図-2】、尾形光琳[7]の「紅白梅図」など、「対の概念」が重要なモチーフとなっている。これら日本の美意識は、庭園にも当然影響があったはずで、それらの事例を見ていきたい。

野村　先ず西洋と東洋における「完全の概念」の違いを知る必要がある。すべて同質のものを均等に揃える西洋に対し、東洋は「昼と夜」・「男と女」など対極的な存在を取り合わせてこそ完全と考えた。

　京都御所の紫宸殿前庭にある「左近の桜」・「右近の橘」は、「陰陽」の構成でよく知られている。遣唐使の交流があった頃まで左近は「梅」であったが、遣唐使廃止70年後に「桜」になった【写-1】。

　藤原定家の末裔、冷泉家の庭園に今なお「梅と橘」が植えられているのはその名残りで、皇室と縁の深い寺院は今も梅を植え続けている。

　紫宸殿における「対の概念」を以下に示した。

左	梅（桜）	落葉樹	花	中国原産
右	橘	常緑樹	実	日本自生

戸田　以前、横浜市三ツ池公園で韓国庭園を計画したとき、下表に示した陰陽のテーマを庭園の施設に表現し、思想を明確にした庭園をつくった。

陽	・公的な空間 ・円形	空 円島	赤花
陰	・私的な空間 ・方形	地 方池	白花

　この韓国庭園のスタイルは古くから日本に伝えられ、「島の大臣（おとど）」と呼ばれた蘇我馬子邸の庭園で、四角の池（方池）が発掘調査により確認さ

【図-2】俵屋宗達の「風神雷神図」
（データ提供／京都国立博物館、建仁寺所蔵）

左近の桜

右近の橘

【写-1】京都紫宸殿の「左近の桜」と「右近の橘」

【写-2】横浜市・三ツ池公園内、コリア庭園の「方池円島」

れている。この「方池円島[8]」と呼ばれる「四角の池」と「丸い島」で構成した庭園は、その後も韓国ではつくられた。しかし、日本では方池の事例はあるが、「馬子の庭」を含め円島は確認されておらず、やがて廃れていった【写-2】。

しかし、「陰陽和合」の取り合わせに日本人は親しみを感じたようで、「鶴と亀の吉祥テーマ」が日本庭園の欠かせないアイテムとなった。その後、時代や地域を超え全国の庭園で「延命長寿」の象徴として表現され続けた。

そこで思い出すのが、重森三玲が岡山県倉敷市の小高い丘にある阿智神社[9]の磐境[10]を鶴亀石組であると記していることである。私には、言われてみればそうかなという程度だったが、人の手でつくられた古代日本の磐境に、そう感じさせる造形力を重森は見出したといえる。

野村 朝鮮半島と日本は共に巨石に神を重ねたのが信仰の始まりだった。しかし、朝鮮半島では仏教の伝来により信仰が神に代わって仏に受け継がれ、石を刻む先進技術を有していたため、岩の中にある御仏を掘り出す想いで石仏を刻んだ。一方、巨石を神が降臨する「依代[11]」と考えた日本人は、あえて石は天然のままの存在を尊んだ。

その後、日本人は渡来した石の技術を習得したが、神の依代である磐座[12]や聖域である磐境と共に暮らし続けた。日本人は、人の手が加わらず穢れのない無垢の自然が神の世界と受け止め、ありのままの自然石による組み合せ（石組）

が、神の怒りに触れることのない、最も馴染む造形であると考えた。それから後、石組は1500年もの間、日本庭園の重要な骨格であり続けた【写-3】。

では、いつから鶴亀石組が庭園の主流としてつくられ始めたのだろう。少し時代を遡り事例を取り上げながら考えてみたい。

2. 西芳寺庭園の鶴亀石組の間に見せた建物

野村 阿智神社の鶴亀石組はさておき、鶴亀石組が庭園に出現する最も古い確かな例は、南北朝時代につくられた西芳寺庭園と思われるので、その内容について述べていきたい。

西芳寺は作庭当初から名園中の名園との誉れも高く数々の記録に登場する。しかし、語られているのは当時の公開エリア、池泉部に限られている。ここに目立たない鶴亀石組があるが、庭園を語る上で重要なポイントであることは知られていない。

現在の西芳寺庭園は苔むして、幽玄な禅院の趣を見せている。これは近世になり寺勢が衰え一旦荒れた庭園を、近代になって住職一家が庭園全域を日々掃き清めた結果、現われた姿なのである【写-4】。

苔は落葉が積もる所には生えないため、常時清掃が必要となる。ちなみに、盛時の西芳寺庭園の見所は苔ではなく白砂青松[13]の世界に島々が浮かび、園内には中国式御堂の西来堂（本

【写-3】阿智神社の磐境

【写-4】西芳寺庭園の黄金池

堂）、瑠璃殿（舎利殿）、潭北亭、湘南亭などが点在し、建築と庭園の織り成す景観の見事さから「三国一」の名園と称えられていた【写-5】。

　庭園は池泉廻遊式で中島が三島あり、南端にある長島の北護岸に湘南亭の礎石が残っている。ここからは北方に西来堂と瑠璃殿、潭北亭をパノラマ景観のように望める重要な位置である。この瑠璃殿は後の金閣（舎利殿）、銀閣（観音堂）のモデルとなった楼閣である。

戸田　前著「日本庭園を読み解く（2021年マルモ出版発行）」で日本庭園の変遷を4段階に分け、禅宗が日本に入った鎌倉時代を、2回目の庭園変化が起こった時と捉えた。その嚆矢となるのが夢窓国師の作庭した西芳寺庭園で、後の桃山時代、江戸時代に発展する廻遊式庭園の扉を開いたとされている。

野村　さて、今はない湘南亭は1998年の実測調査で長島北岸にあったことが判明した。その跡から北方を見ると右手（東）に鶴島、左手（西）に亀島が配され、「白砂青松の霞」がたなびくよ

うな「夕日ヶ島」・「朝日ヶ島」を見越して、西来堂と瑠璃殿の2つの御堂が浮かび上がるように関係づけられていることが分かる。湘南亭は単なる水亭ではなく、西来堂と瑠璃殿を遙拝する施設でもあったと考えるのが妥当である【写-6】【図-3】。

　足利義満がつくった金閣も単に瑠璃殿としてではなく、湘南亭の遙拝所と同じ遙拝を行なう場所としての役割も、取り込んでいることは後述したい。

　重要なのは、湘南亭が祖師達磨に由来する西来堂と、秦氏の古墳群がある洪隠山に向けられていることで、それは礎石の位置から判る。祖師を祭る西来堂と、この地の先住者である秦氏の祖霊を階上に祭る瑠璃殿の2つの建物は、遠く離れているが庭園内では甲乙つけ難い格別な存在で、湘南亭に佇む時自ずと祈る気持ちが満ちる構成となっている。

【写-5】西芳寺庭園／長島の三尊石、奥右手に鶴島（白い石）

【写-6】西芳寺庭園／湘南亭跡地方向を見る。右に鶴島、奥に亀島

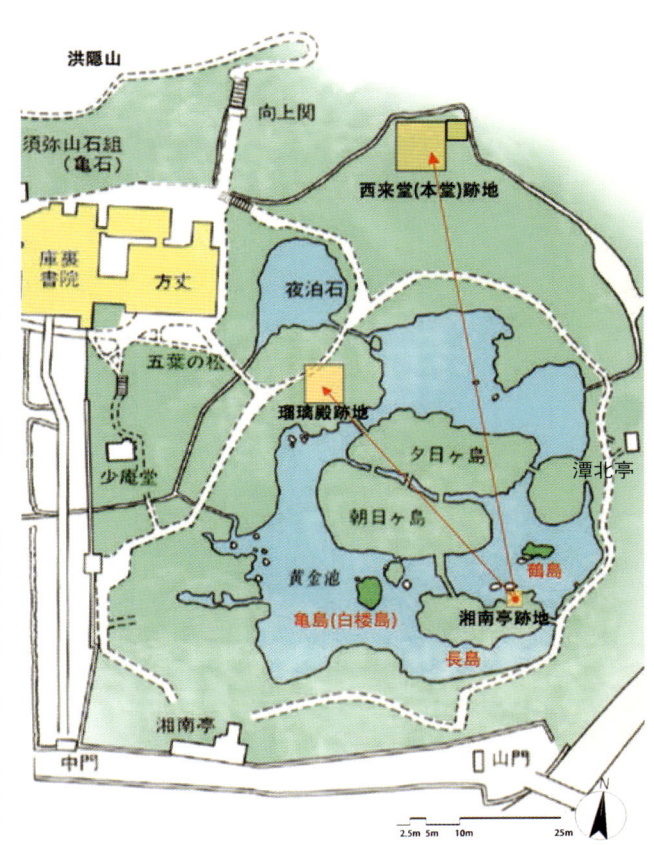
【図-3】西芳寺庭園の鶴亀構成図（西来堂、瑠璃殿への軸）

戸田　ここまでの指摘は大変重要な意味を持つことを確認したい。鶴亀石組はその造形的な面白さも然ることながら、遥拝の対象に向かい、方向を定める視線誘導としての意味があったのだ。

だから、その背後にまで目を向けて遥拝の対象を発見することがとても重要になる。これらの対象に気付かなければ、鶴亀石組が存在する本来の意図を読み解けないことになる。では、庭園における遥拝の対象にはどんなものがあったのだろうか、事例をあげながら話しを進めていきたい。

野村　遥拝する対象は寺院や在家の庭園によって様々であり、基本的には本堂や祖師堂など庭園に隣接する建物や、少し遠くにある祖先の供養塔や陵墓などが多い。

また、自然景観では比叡山、伊吹山などの霊峰や、霊性を感じる磐座や影向石[14]などの大岩や、修行のための瀧もその対象に入っている。興味深いのは西方浄土をイメージさせる「夕照の風景」などの自然現象も含まれることで、庭園空間の内側だけに留まらず、むしろ外部とつながり、庭園の持つ多様性を鶴亀石組が誘導してくれている。

つまり、その対象に向かって遥拝するポイントを設けて軸線を通し、左右に配する手前の結界が鶴亀石組ということになる。その基本的な構成は右に鶴、左に亀を配したケースが多い。これは「床の間」や「仏壇飾り」における三具足（みつぐそく）の配置に習ったものと思われ、燭台を右側に置くのが一般的で、これを鶴とした。

しかし、よく見れば鶴の踏台は亀で、左右を確定した根拠としては稀薄だが、知らぬ間に仏壇の必須アイテムになっている。目下のところ鶴亀石組の始まりは西芳寺庭園であり、左に亀島、右に鶴島があったから、その考え方で

今に至ったと理解することが妥当であろう。

3. 金閣寺庭園の鶴亀石組の先にあるのは何か

1）鶴亀石組の真ん中の軸線

戸田　金閣寺は舎利殿（金閣）のインパクトが強いので庭園にあまり目が行かないが、池泉廻遊・舟遊式庭園[15]で素晴らしい景観が展開する。中でも金閣の内部から見る庭園の中島や岩島の構成が見事といわれている。しかし、一般人の金閣への入室は不可能、庭園をくまなく測量した野村さんの体験談をお聞きしたい。

野村　西芳寺の系譜に連なる庭園は多くあり、天龍寺庭園、金閣寺庭園、銀閣寺庭園と続く。これらはすべて池泉廻遊式庭園だが、金閣寺庭園は舟遊式といった方が正しい。金閣、銀閣は共に池畔に楼閣を配し、これらは視点場であると共に景観上からも重要で、建物を核として景観が構成されている【図-4】。

金閣の建築様式は一層が半蔀（はじとみ）の「寝殿造り[16]」（公家）。二層が舞良戸（まいらど）の「書院造り[17]」（武家）、三層が花頭窓（かとうまど）の「唐様建築[18]」（禅院）を重ねた大変ユニークなつくりで、足利義満を頂点

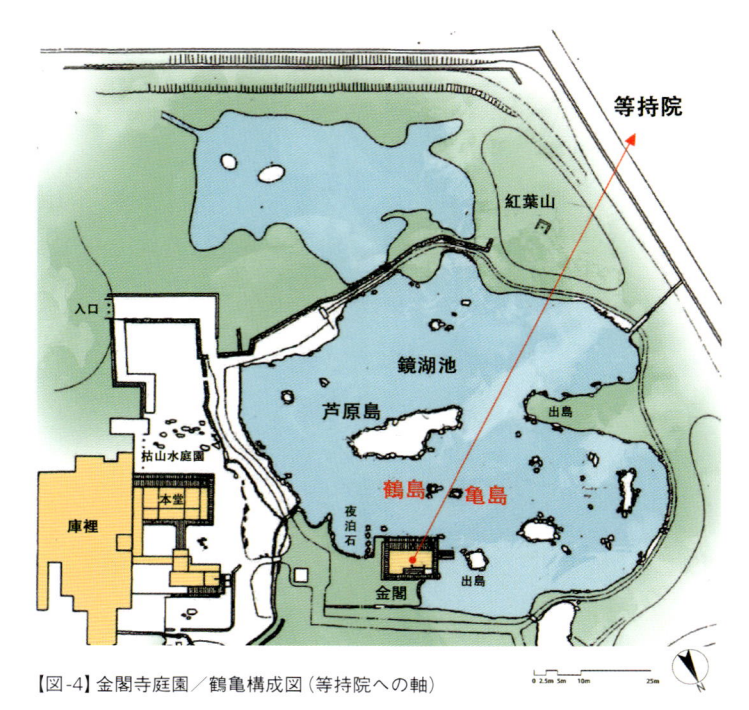

【図-4】金閣寺庭園／鶴亀構成図（等持院への軸）

とする当時の権力構造をかたちにした建築といえる。

　では、金閣の中から庭園を見てみよう。一層から見る庭園は池泉に浮かぶ島々が巧みに配され、右手から左の方向へ視線を誘導して景観をつくっている。これは、部屋からは半蔀を上げて庭園を絵巻物に仕立て直して見せる趣向で、見事な景観が展開している【写-7】【図-5】。池泉を舟遊すれば、巧妙に配置された多くの島々が船の進みにつれて見え隠れし、テーマパークの

アトラクションを見るような新鮮な景観が連続する。

　二層、三層の縁側の床はうるしが塗られ床に空が映り、その上に立てばまるで空中を歩く、夢心地のような浮遊感が体験できる貴重なスペースである。

　見下ろす庭園は「国生み神話」の神の目から見た日本列島で、葦原島が本州であり最初に生まれた淡路島も浮かび、訪れた「明の使者」に足利義満が得意満面で、日本創生の神話を説明し

【写-7】金閣寺庭園／1階から眺めた庭園

【写-8】金閣から等持院方向を見る

【写-9】金閣寺庭園の夕暮れ

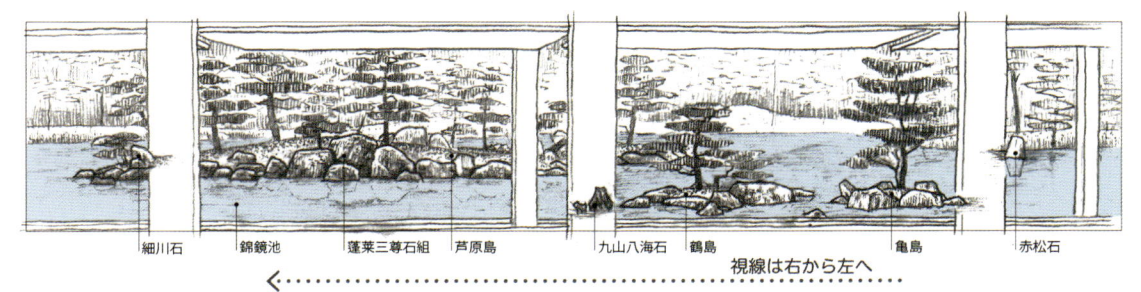
【図-5】金閣の一層から見た庭園の立面図（作図＝野村勘治）

ただろう姿が目に浮かぶ【写-8】。

　一層から見ると葦原島の手前の左側に鶴島、右側に亀島が浮かぶ。通常、鶴亀の間には蓬萊山などのアイストップが存在するがここには無く、何とも物足りない眺めというのが最初の印象だった。その疑問は二層に登って見た時、もしかしたらと気付き、後で地図を詳しく調べた。すると、2島間の軸線を延ばした先に等持院[19]があるのが分かった。

　等持院は衣笠山の麓にあり足利氏の墓所で、足利尊氏の宝篋印塔[20]や足利氏歴代の将軍の等身大の座像がある。その歴史的背景から、この鶴亀石組は金閣から等持院を遥拝する前景としてつくられたものと考えた。

　金閣寺庭園をきっかけにして、遥拝対象と鶴亀石組との関係について私は深く考えるようになった【写-9】。

2）金閣寺庭園以降の鶴亀庭園

戸田　迎賓館であった北山殿は義満の没後直ぐさま解体されたが、金閣と庭園は残された。なぜ金閣は残ったのか疑問が残るが、一般的にはその美しさや希少価値からと理解されていた。この理由には曖昧さが残るものの、私自身もそう納得していた。

【写-10】萬福寺庭園の全景

【写-11】亀石坊庭園の亀出島

【写-12】桂離宮庭園／左に鶴島、右に亀島

【コラム-1. 中世庭園の石組】

　室町後期の戦国大名は庭園に鶴亀石組を好んで配した。その代表は近江・朽木にある旧秀隣寺て、都落ちした足利義晴[1]を迎える館に、将軍を寿ぐ鶴亀石組が主役の庭園をつくった。

　今一つは越前一乗谷・朝倉氏の迎賓施設の湯殿跡庭園。ここも主役は鶴亀石組で、共に作庭者は足利義晴を補佐した管領・細川高国[2]とする説がある。

　高国は賀茂川の河畔で「曲水の宴[3]」を行う程の風雅を愛する

人て、上記庭園の空間構成や細部にはいくつか酷似する手法が見られる。中でも特徴的なのが鶴亀石組の間を通る軸線の奥に、須弥山[4]と呼ぶ柱状の石を立てていることて、この石組はいくつかの庭園で見られる。

　同じく高国作庭説のある越前・平泉寺（白山神社）の旧玄成院庭園[5]でも、手前の両脇に鶴亀の出島、その間の先にある築山上にひと際高い石を立てている。

　また、鶴亀石組は無いが高国

の親族てある伊勢・北畠氏居館跡の北畠神社[6]は、旧秀隣寺の庭園と並ぶ戦国大名の代表的な池泉式庭園の傑作てある。それを象徴するのが地上部に立つ須弥山式石組で、今もこの種の石組の手本となっている。

　澤田天瑞はこれらの庭園の構成を「早来迎の阿弥陀立像」と述べている。須弥山と呼ぶのは形態の例えてあって、むしろ澤田説の「早来迎」[7]のコンセプトに内容としての説得力がある。

北山殿を解体した足利義時は父の義満を全否定した。しかし、今だから言えるのは義時は足利家まで否定できず、金閣と庭園を残したのではないかと。義時は金閣寺の庭園が持つ足利家の意味を知っていたから残したのだろう。その後、金閣寺庭園の姿は大名の憧れとなり、後世この庭園を写す事例が多く現れた。

野村　ちなみに、武門による天皇の御幸[21]は北山殿で始まった。この時の天皇は一休禅師の父とされる後小松天皇[22]で、花見に合わせて御幸は行われた。秀吉はこれに倣って醍醐の御幸を企画し、その予行演習があの有名な「醍醐の花見」であった。

醍醐寺三宝院の庭園も金閣寺庭園の影響を受けた庭園のひとつであった。満済准后[23]は「黒衣の宰相」と呼ばれ、足利義満を宗教的に補佐した人物で、北山殿の宗教的コンセプトや構成にも関与し、後に三宝院庭園にも影響を及ぼしたと思われる。

もうひとつは、室町時代の山口・大内氏の常栄寺庭園で、抽象的な表現だが鶴亀の島が池に浮かぶ豪華なつくりである。さらに、作庭者の雪舟は山口県・益田の萬福寺[24]【写-10】や、福岡県・英彦山の亀石坊[25]【写-11】にも鶴亀の庭園をつくっている。

金閣寺に続く足利義政の東山殿の銀閣寺庭園も素晴らしく、織田信長の岐阜城では「茶の井」を銀閣寺、「楼閣」を金閣・銀閣寺から引用してつくらせたほどである。

戦国時代の地方大名にとって、地元で自己を誇示する表現のひとつが「都振り」。その手本は後世、北山文化、東山文化と総称される将軍周辺の芸術活動に起因するものである。この和歌、茶の湯、香、美術鑑賞などのイベントを楽しむ場が会所を始めとする施設や庭園であった。これらの庭園の所々に金閣・銀閣寺庭園の細部が重なる

シーンに出会うのは、将軍との交流の濃い大名であったことがおもしろい。

鶴島・亀島の間に瀧が落ちる例は一乗谷朝倉遺跡の湯殿跡と朽木谷旧秀隣寺庭園にある。その手本と思われるのは銀閣寺東求堂正面に浮かぶ、白鳥島の背に落ちる洗月泉の瀧である。白鶴島には左右から石橋が架けられ、まさに鶴が羽を広げたような姿で美しい。

この構成をまるごと写し、左右を真逆にしたのが桂離宮・松琴亭から見る天橋立で、石橋の左に鶴島、右に亀島が浮かぶ【写-12】。

4. 西本願寺の御影堂を庭園から遥拝

戸田　西本願寺対面所庭園は江戸初期ならではの華やかさを持った豪快な庭園である。切れ味の鋭い切石橋をポイントにした重厚な枯山水庭園は大振りなソテツがいかにも華やかな時代を映し出し、それに合わせるようにつくられた枯瀧石組の設えが素晴らしい。

野村　この庭園が持つ意味は背後に大きく存在する御影堂[26]にあり、これを抜きにしては語れない。御影堂には親鸞上人の像が安置され、庭園は親鸞上人を遥拝する目的でつくられたもの

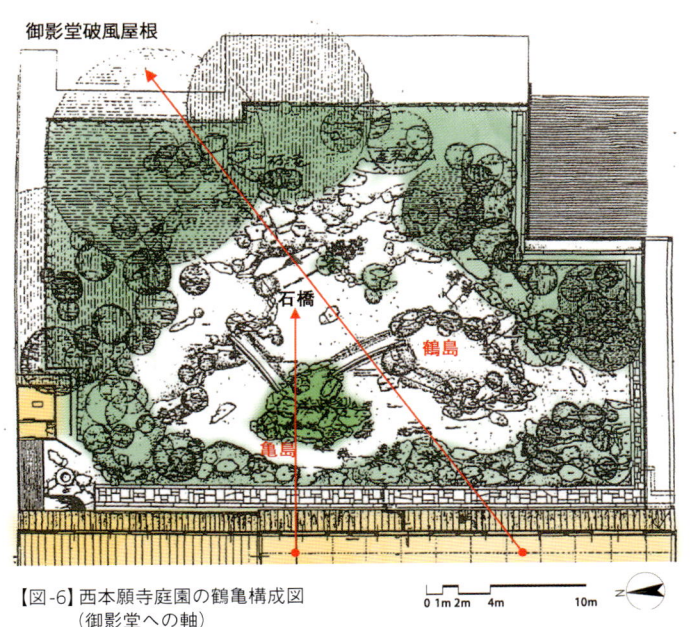

【図-6】西本願寺庭園の鶴亀構成図
　　　（御影堂への軸）

である。庭園の最奥部にある蓬萊石組は国内最大級で見事な姿だが、空間構成から見れば親鸞上人の前立的な存在といえる【図-6】。

御影堂は巨大な千鳥破風[27]を立ち上げた大屋根がそびえ、まるで富士山形の山のように見える【図-7】。対面所に入る縁側から庭園を通して御影堂を見ると、鶴島と亀島の間を通った軸線上に破風の頂点をおいた構成が圧倒的な迫力で迫ってくる。縁側を通る者も思わず立ち止まり感嘆する程インパクトの強い眺めである【写-13】。

多くの鶴亀庭園は一般的に祝儀を旨とするが、寺院では遥拝や宗派の教えを重ねた例が多

く、本題はこちらにあると言ってもよい。そのコンセプトを理解してこそ庭園を見たといえ、それを解く鍵が鶴亀石組の存在なのである。

この庭園のもうひとつのビューポイントは書院の「上段の間」からで、室に座ると亀石だけが迫って見えてくる。浄土宗系の教えによれば聖人が出現する時、白蓮華[28]（芬陀利華）に乗る白亀が現れると言われている。この場合、亀は悟りの象徴であり、「上段の間」から亀だけを見せる構成は、亀に格別重きを置く浄土宗の庭園ならではの表現といえる【写-14】。

東本願寺の別院、滋賀県・長浜の大通寺の茶室、含山軒[29]の「含山」とは庭園の借景となって

【写-14】西本願寺庭園／上段の間から亀島を見る

【図-7】西本願寺庭園／鶴亀スケッチ図（作図＝野村勘治）

【写-13】西本願寺庭園／中心軸の御堂と鶴島・亀島

【写-15】大通寺含山軒／伊吹山（蓬萊山）を乗せる亀島

いる伊吹山を部屋に取り込む意味である。この庭園は広さに対して山の存在が大きいこともこれで頷ける。ここでは伊吹山を蓬莱山と見立て、これを背負う亀が中央の出島となるが、聖人が乗る芬陀利華の亀と見ることもできる【写-15】。

向かって左奥に鶴石組と見受けられる枯瀧があるが、圧倒的に亀の存在感が大きい。ちなみに、芬陀利華のテーマは禅宗寺院にも伝えられ、東福寺の芬陀院[30]は正式には芬陀利華院で、鶴亀二島の枯山水庭園があるが、ここでも亀石組の存在感が大きい。

5. 三宝院庭園の隠された祠

戸田 醍醐寺三宝院庭園は慶長3（1598）年に豊臣秀吉が「醍醐の花見」を催したときに改造されたもので、その経緯は座主の義演[31]の日記に詳しい。作庭を手伝った庭匠は後陽成天皇から、天下一の庭師と勅定され「賢庭[32]」の名を賜り、その後小堀遠州の配下となって活躍した。

野村 三宝院には忘れられない思い出があり、そのことを語りたい。それは庭園の奥部に潜む小さな祠についてである。三宝院庭園は池にいくつもの橋が架けられ廻遊式庭園となっており、その橋を渡り庭園を巡ることができるが、一般には許されていない。

庭園が完成して400年を記念し、三宝院の庭園について講演の依頼があり、特別に許され隅々まで見る機会を頂き、後方の築山まで廻ったことがあった。当時、築山は樹木が生い茂り稜線さえよく見えなかったが、築山の中央の茂みに豊国稲荷明神[33]と書かれた小さな祠があった。これは秀吉を奉ずるものだとすぐに理解でき、以前から持っていた疑問が一気に氷解した。

秀吉と醍醐寺の縁は深く、伏見城が倒壊した「伏見の大地震」の時に、醍醐寺も本堂が倒壊し五重塔が傾くなど甚大な被害があった。時折、花見に訪れた秀吉は窮状を知り、直ちに復旧に取り掛かると同時に花見の企画を思いついた。

歴史に名高い「醍醐の花見」はその翌年に企画していた御幸の予行演習で、庭園は本番に合わせて花見の後につくられた。しかし、残念なことに肝心の秀吉は同年の夏に亡くなっている。

庭づくりは義演によってその後も続くが、徳川の時代に移り大きく改造された。大恩ある秀吉に対し、この改造はあまりにも薄情な行為と以前は思っていたが、祠の存在を知って考えは変わった。いかに恩義のあった秀吉といえ、大っぴらに祀ることは差し障りがある。そこで、座主の義演は賢庭と共に秘かに秀吉を遙拝する

【コラム-2. 早来迎の庭園構成】

「早来迎」とは戦国大名が極楽往生を願い祈った阿弥陀仏で、一般の阿弥陀像が座像であるのに対し立像が特徴である。

殺戮を繰り返した戦国大名たちは死後、地獄に落ちる恐怖に常に苛まれていた。彼らにとっての助けは死の直後、間髪を容れずに立ち姿で雲に乗り、山を越えて迎えに来る超特急の阿弥陀仏であった。

早来迎の庭の最高傑作は北畠神社庭園の枯山水石組で、中心のひと際高い立石は須弥山として知られているが、その姿は知恩院の国宝「阿弥陀二十五菩薩来迎図（早来迎）」の阿弥陀立像そのままで、周辺の「渦巻き式石組[8]」も歌舞音曲を奏でる菩薩の動きをよく表現している。

旧秀隣寺庭園は比良山系の山並みから昇る月や朝日に薬師如来の浄瑠璃光を重ね、朝倉氏湯殿庭園跡では裏山にある朝倉敏景[9]の供養塔の方角へ、戦闘集団であった平泉寺（白山神社）の旧玄成院では白山[10]から、各々には一足飛びに阿弥陀仏が庭に降り立つ段取りとなっている。このように、来迎と庭園がセットになっていたのが戦国大名の鶴亀庭園であった。

戦国大名の極楽往生への思いは切実であり、その思いと自らの力を誇示する方法が鶴亀の表現となり庭園は存在感を増し、祈りと権力が表裏一体のデザインとなった。

庭園で鶴亀石組が太平楽に蓬莱の象徴となるのは、むしろ江戸時代の平和な世の中になってからだと思われる。

空間へと庭園を改造した。

　その構成は金閣寺庭園に倣うもので、北山殿に関わった三宝院満済准后の智恵に学んだと思われる。当初、秀吉の構想により築かれた表書院の正面に浮かぶ大きな中島を、大胆にも真中で2つに分け、右を鶴島、左を亀島として独立させ、泉殿を遙拝所とするものであった【写-16】【図-8】。

　そして、築山の茂みの中に秀吉を祀った祠を隠し、姿は見えずとも鶴亀の間を拝めば自ずと秀吉を拝められる構図をつくり出した【図-9】。ちなみに、手前にある此岸の白い石は冥界を司る焔魔天[34]（えんまてん）や阿弥陀如来の化身の大威徳明王が乗る水牛を表現して秀吉を護っている。

　以上が庭園竣工400年の講演の骨子である。

　お寺では庭園の改造に弱冠の後ろめたさを抱いておられたようで、話しの最後に義演は「義の人であった」と結ぶと、皆さんの顔がほころんだ。私は今もこの時のシーンを時々想い出す。

　また、日本庭園において名石の第一とされる藤戸石は、天下の三棚[35]のひとつに数えられる醍醐棚のある奥宸殿の座敷の中心軸の先に配されていることに気付く人は少ない。花見御殿[36]の遺構との伝承がある純浄観[37]の縁と束柱の枠取りに藤戸石がピタリとはまり、意表を突く眺めに思わずたじろぐ【写-17】。

　祠の下に立つ藤戸石はまるで鎧をまとったような石で、弁慶の「立ち往生」の如く秀吉を護るように立っている。源平合戦に因む名石の最終楽章を思わせる見立てで見せる義演の演出は心憎い。単に名石の藤戸石を置いただけでなく、義演の思いの深さを改めて知らされた。

【図-8】醍醐三宝院／鶴亀構成図（豊国稲荷大明神への軸）

【写-16】三宝院庭園／鶴島と亀島の間を通って行く祠への軸

【図-9】三宝院庭園／鶴亀構成スケッチ図（作図＝野村勘治）

【写-17】祠を守るが如き藤戸石

6. 金地院庭園のアート表現

戸田 金地院は慶長年間、家康の宗教顧問として活躍した金地院崇伝[38]により、南禅寺の地に中興された禅院である。少し凝った表現の金地院庭園は絵画的で美しく、禅院にしては珍しい庭園である。

　この庭園で注目すべきは白洲の奥にある鶴亀石組で、方丈の「上段の間」から建具を全開にすると画面一杯に右に鶴島、左に亀島を配置した絵画的な表現が出現する。この、障壁画そのままの表現は大胆で、現代のポップアートのセンスと変わらず、古今の庭園と比較しても出色の出来栄えである。この豪快な鶴島と亀島の背後は緑の陰翳が深く、手前に置いた石組を鮮やかに浮かび上がらせている。

野村 建物からの視点は2つ、一つは方丈「上段の間」からで、掃出口を全面開口すると画面一杯に鶴亀がはまる【写-18】。広すぎる縁先の白洲を建物の縁で消し、掃出口の枠取りが空を消し、余白の無い大画面が見る者に迫る。まさにピクチャレスクそのもので、生きた障壁画との形容はこの庭園の為にあるといっても過言ではない。

庭園のコンセプトである「将軍を寿ぐ」は、江戸に向かって東向きに飛ぶ鶴の構図となり、亀石組を西方の東照宮[39]に向けることで家康へのオマージュと、西方浄土を拝むという心情が無理なく重なる。東と西へ各々向かう「寿ぎと祈り」を表現する手際は鮮やかという他はない【図-10】。

　もうひとつの視点は廊下の東南の曲がり角で、ここが鶴石組と亀石組の間を通り、東照宮を遥

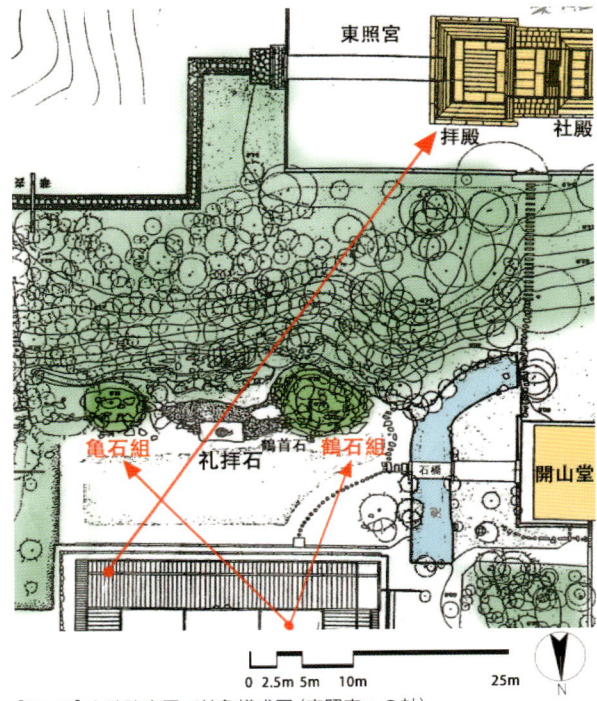

【図-10】金地院庭園／鶴亀構成図（東照宮への軸）

【写-18】金地院庭園／上段の間から見る鶴石組

拝するポイントで、巨大な礼拝石がその軸線上にある【写-19】。将軍は東（向かって左）にあった御成門から庭園に入り、礼拝石から東照宮を遙拝した後、白洲を進み方丈に上る。庭園は本来、動線確保の為の設えであった。

　金地院庭園の姿は、東照宮と一体となる壮大な仏壇であることを先ずは知ってほしい。作庭者の小堀遠州は元はといえば建築側にシフトした人で、プロジェクトの総仕上げは庭園であった。建築と庭園を捉えた景観構成を行うことはお手のものだった遠州だからこそ実現した庭園である【図-11】。

7. 粉河寺庭園の豪華な石組

戸田　本庭園は文献が存在せず、作庭時代や作庭者も推定の域を脱しないが、豪華な石組から見て桃山時代の作庭ではないかという説が古くからあった。

　しかし、研究が進んだ現在では、江戸後期の作庭が優勢になってきている。この庭は庭園の名を冠しているが、本堂に進む階段の左右につくられ、奥行きのない立体的な珍しいスタイルの庭なので、解釈が難しいのではなかろうか。

野村　庭園は参道の導入部にあり、一段高い本殿に南面する階段の左右に展開する。ここでは帯状の法面に青石の巨石を組み、絵巻物のような壮大な庭園空間をつくり出している【図-13】。

　この参道を進みながらの鑑賞は、一般の庭園とは異なり大変ユニーク。本堂と導入部では3.0mの高低差があり、法面を活用して組まれた石組は地元紀州産の青石（緑泥片岩）を豊富に使っている。庭園は一見桃山時代の作と思われる華やかさを持つが、実は江戸後期安永年間（1772 〜 1780）の作であるようだ【写-20】。

　私は約50年前にこの庭園を斎藤忠一[40]氏と共に測量し、安永年間の作との確証を得たが、残念ながら一般に知られることはなく、その後の発掘調査によって作庭年代が立証された。

　石段を登った壇上の正面には巨大な本堂と左に位牌堂が並んでいる。これらの御堂を載せた壮大な仏壇を、庭園のかたちを借りてつくったのが粉河寺庭園である【図-12】。

【写-19】金地院庭園／縁側から遙拝の軸

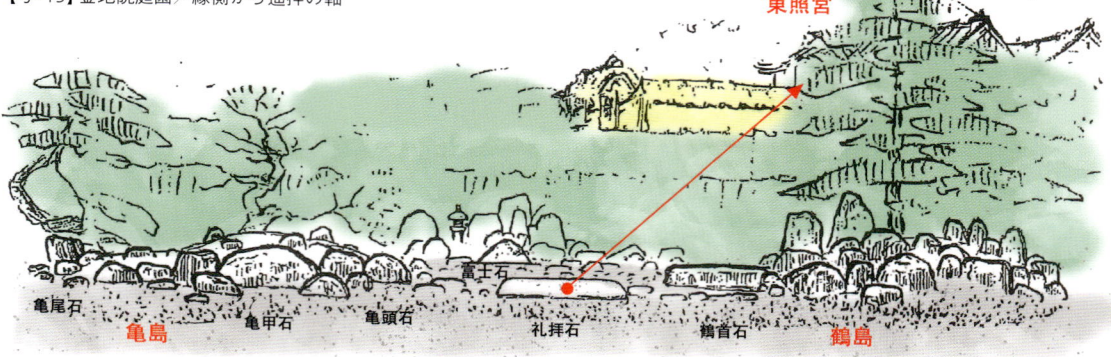

東照宮

亀尾石　　亀甲石　　亀頭石　　　富士石　　礼拝石　　　鶴首石　　鶴島
亀島

【図-11】金地院庭園／鶴亀構成スケッチ図（作図＝野村勘治）

庭園は正面から見て階段の西側（左）に比重を置き、そこに組まれた枯瀧石組の右に鶴、左に亀の石組を瀧の下部に配している。上部にある鶴石組の構成は高く架けた石橋が首、右脇の遠山石[41]を羽根とした鶴が飛翔する姿で、豪華この上ない景観が展開する。

枯瀧でつくる渓谷の中心軸をたどればその先に「位牌堂」があり、御堂への荘厳の為に瀧や鶴亀石組を配していることが分かる。紀州青石の名石を組んで仏壇とし、ソテツの仏華を供えた美しさは浮き世を払拭するには充分である。参拝者をひと時でも異次元の浄土空間へと誘う演出といえる。

現在、樹木の繁茂により計画当初の意図が見えにくいが、ベストポジションは左手の渓谷の間に位牌堂が見える位置である。興味深いのは本堂前の石段の左脇に亀の頭（亀頭石）だけが据えられていることで、この一石が巨大な本堂を背負う亀の姿を簡潔にして大胆に表現していることは見逃せない【写-21】。この類例は長野県駒ヶ根の光前寺などの庭園にもあるが、粉河

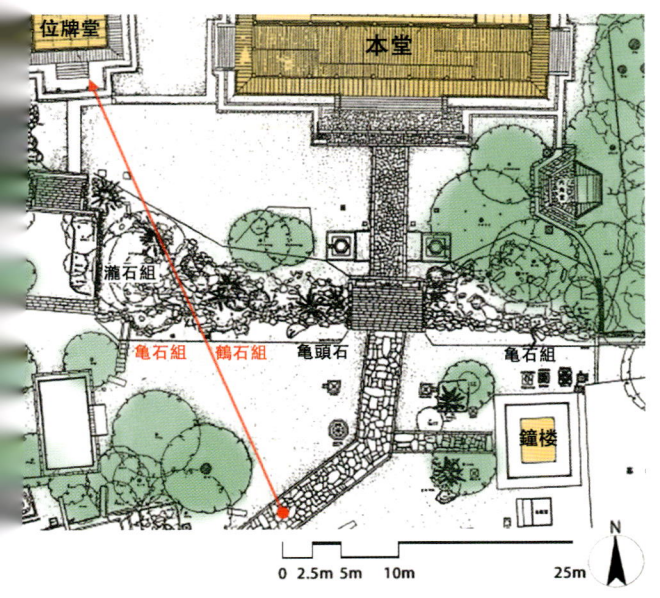

【図-12】粉河寺庭園の鶴亀石組構成図（位牌堂への軸）

【図-13】粉河寺庭園／鶴亀石組立面図（作図＝野村勘治）

【写-20】粉河寺庭園／鶴・亀石組の間にある枯瀧の先に位牌堂

【写-21】粉河寺庭園／本堂を背負う巨大な亀を亀頭石で表現

寺庭園の出来栄えが最も優れている。

　それとは別に、石段右側の法面に貼りつけたような滑稽で稚拙な亀石がある。実測時に出会った土地の古老によれば、石段左側の傑作石組をつくったのは庭師の弟子で師匠が右側の亀石を組んだという。我々は実測によって古老の話す作庭年代の順序が正しいことに気づいた。事実は小説より奇なりで、師よりも弟子の方が格段に石組が上手という、愉快なエピソードに出会うこととなった。

　参道を進みながら観賞するスタイルのユニークさと共に、不毛と思われていた江戸時代後期が意外に庭園の爛熟期で、近年の古庭園の調査からそれが分かってきた。その代表的存在が粉河寺庭園であり、それを念頭に置きながら見ていただきたい。

　いずれにしても、粉河寺庭園は巨大な本堂を載せる亀や、位牌堂を荘厳する鶴亀など、建築と庭園が一体となって景観をつくっている。これらのアイテムは理想郷を形づくる上で欠くべからざるものであり、遠州作の鶴亀表現と同格の存在であることに注目したい。

8. 遠州、浜名湖姫街道の庭園群

戸田　浜名湖南部の「東海道」に対して北部は「姫街道[42]」と呼ばれる脇往還が通り、関所も置かれた交通の要衝で、独自の文化が生まれた地域であった。当地は江戸時代の初め頃から庭園文化が花開き、数々の名園に出会うことができ、楽しさを満喫させてくれる。それらの庭園には鶴亀の表現が多く見られるので、具体的にその思想とかたちを見ていきたい。

1) 龍潭寺庭園のふたつの軸
（りょうたんじ）

戸田　龍潭寺は臨済宗妙心寺派の古刹、幕府の大番頭として知られる井伊家の菩提寺で、彦根にも同名の寺が存在する。庭園は本堂の北側にあり池泉鑑賞式、細長い池泉に枯瀧を4箇所組み入れてパノラマ景観を構成している。

野村　遠州地方は小堀遠州とゆかりがあると思われがちだが実は全く無縁である。むしろ、この地はかつての領主であった井伊家と、それ以後の領主であった近藤家との関わりが深いといえる。

　遠州・浜名湖周辺から東三河地方には、10箇所以上の名園が存在している。その大半は遙拝をテーマとした庭園で、その対象は本堂、社殿、

【コラム-3. 玄宮楽々園の鶴亀 ～その1～】

　世にあまたある鶴亀庭園の中でコンセプト、スケール、デザインにおいて最も充実している庭をあげるならば彦根城の「玄宮楽々園」といってよい。

　彦根城は金亀山[11]に位置し、これは玄武（蓬莱の亀）に乗るという、この上なくめでたい立地にある。さらに、本丸の北側にある御殿庭園なので、「玄武の御殿」の意をもたせ「玄宮園」としたのは明らかだ。

　しかし、この命名はそれほど短絡的ではなく、「能」に造詣が深い井伊家らしく楊貴妃とのロマンスで名高い、唐の玄宗皇帝の宮廷から命名したことが知られている。

　この玄宮楽々園は謡曲「鶴亀」の舞台としてつくられ、立地が亀なので庭のデザインテーマは「あ・うん」で陽の鶴となる。泉水の中央にひときわ大きな中島を浮かべて全体を鶴に見立てた。中央の渚には鶴首、若しくは嘴のような鋭い石を立てて「鶴鳴渚」と呼んだ。

　庭へのアプローチ園路では中心部を意図的に隠し、途中で高橋の枠取りによる、鶴首を一瞬見せるクローズアップの演出は見事である。三宝院・奥宸殿から見る藤戸石に並ぶ庭の名ショットと言ってもよい。

　一般に鶴石組は羽石を表現する例が多いが、小堀遠州は首や嘴にこだわり、高梁の頼久寺庭園では鋭い一石を立て、金地院庭園では長大な石を寝かせて首とし、共に印象的な鶴とした。

　各々のシーンに込めた作者の想いの深さを感じたい。

第2章│鶴亀石組の意味と表現

霊屋、墓、霊峰、影向石、瀧、夕日など様々なアイディアに溢れている。浜名湖の湖北がエリアの中心となり、龍潭寺の庭園がその代表的存在だが、必ずしも当地の遥拝をテーマとした庭園のルーツとはいえない。

　まず庭園から見ていきたい。本堂北側に展開する庭園のほぼ真ん中に、境内を貫く南北の軸線が通る。軸線は本堂から見て右の亀出島、左の鶴出島の間を通り築山に立つ三尊石へ。さらに軸線は、その先の明治時代以前は八幡宮だった井伊谷宮[43]に至る「神の軸」が通る【写-22】【図-14】。

　もうひとつの軸線は本堂東にある客殿（庫裏）

から本堂に平行して西へ向かい、西端にある井伊家の墓所に至る東西の軸である【写-23】。客殿間近の大きな立石は鶴の翼を一石で表し、庭園中央の亀石組と共に西に向かう構図となり、井伊家の先祖の安らかな眠りを見守っている。これは「神の軸」に対して「仏の軸」となる。

戸田　この庭園は南北に「神の軸」、東西に「仏の軸」、2つの軸が中央で交差する重層的な構成でつくられているのが理解できた。神仏習合の時代であったとはいえ、異なる遥拝対象を整理して表現するする手際は鮮やかで、庭園景観と共に「祈りのデザイン」を折り込んだ龍潭寺庭園は、学ぶところが多い。

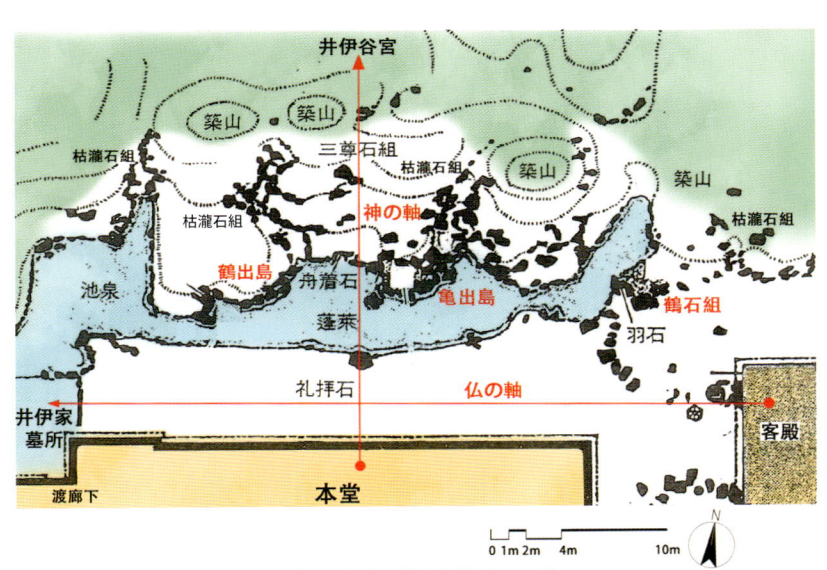

【図-14】龍潭寺庭園／鶴亀構成図（井伊谷宮と井伊家墓所への軸）

【写-22】井伊谷宮に向かう南北軸（神の軸）

【写-23】井伊家の墓所に向かう東西軸（仏の軸）

2）実相寺庭園から墓地への軸線

野村 井伊家発祥の地である浜名湖北岸は江戸時代に入り、旗本の近藤一族が領地を分割して治めた。実相寺は領主の近藤貞用[44]が他所にあった小庵を湖畔の丘に移転し、父の法名に因んで改名したもので、両親の菩提を弔うための寺といってよい。

この近藤家の領内に初山宝林寺[45]という黄檗宗[46]の寺がある。開山は隠元[47]の弟子の独湛[48]で、旗本の寺としては分に過ぎるほど立派な中国式の寺院である。

寺の発端となるのは黄檗宗の開祖、隠元が将軍に会うために京都から江戸に下向し、70日間滞在したことに始まる。隠元の宿所となった湯島の麟祥院[49]と路を隔てた向かいが近藤家の屋敷であった。貞用は隠元と出会い、たちまち隠元に心酔してその後、黄檗宗宝林寺を建立した。

近藤家がつくった実相寺の庭園は背後にある貞用の両親、季用夫婦の墓を荘厳するためのものであった。墓を高い築山越しに見せていたことは、明治時代につくられたエッチングの古図により分かっていた。

一時、墓は遠くに移され、庭園の意味が不明となった。私は住職に「庭園と墓は一体」にすべきだと、説いたところ直ぐに理解され、再び庭園背後の現在の地に戻されほぼ旧態に復された【写-24】【図-15】。

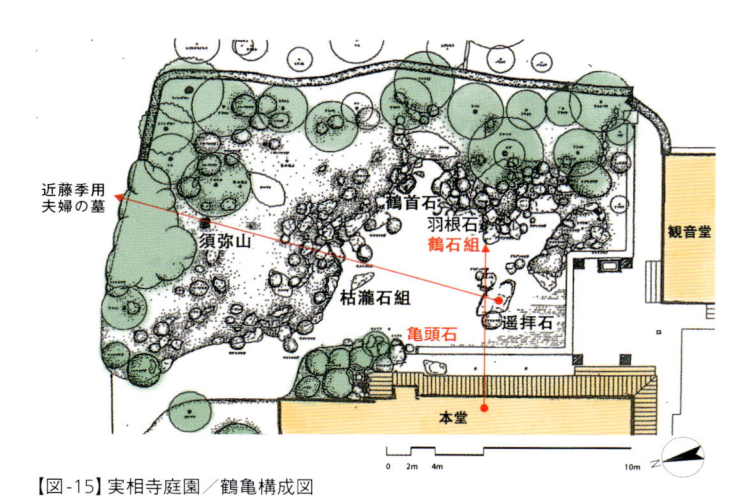

【図-15】実相寺庭園／鶴亀構成図

【コラム-4. 玄宮楽々園の鶴亀 〜その2〜】

井伊家の鶴に込めたもう一つの想いは、自他共に認める徳川幕府の大番頭としての、将軍に対するリスペクトである。玄宮楽々園の手本は小石川後楽園で、水戸の徳川頼房の兄弟のような将軍徳川家光と共同作業で庭はつくられた。ある意味で将軍手づくりの庭を写したといえるのが玄宮楽々園である。

我国の美術や庭園で見られる「写し[12]」とは単なるコピーではなく、よく知られた作品に対してのオマージュである。むしろ、本歌にチャレンジする写しの後方に見える本歌を楽しむ、頭脳鑑賞の世界でもある。

本歌の小石川後楽園の亀の中島に対し玄宮楽々園は鶴。庭園の中には将軍と井伊家の弥栄を寿ぐ鶴亀が4対も棲んでいる。鶴鳴渚の鶴に対する亀は、泉水西の入口側に架かる2つの木橋の間から見える小島の亀で、亀頭石は鶴首石に向く。

今一つは鶴鳴渚の後に見える枯沢、飛梁渓の両岩で向き合っている。この奥に高い橋が架かり、ここから見る城と庭園の取り合わせは玄官楽々園の白眉といってよい。橋の上の貴人を下から見上げるとき、橋梁を支える鶴が貴人を荘厳する、めでたい景色となる。

ちなみに、橋を潜った先には何もなく拍子抜けするが、庭全体を見渡す数奇屋群の高所にある鳳翔台から見ると、借景の伊吹山から発する流れが魚躍沼に注ぐ雄大な眺めとなる。

庭園の「玄武の山」は蓬莱山の伊吹山、これに対して「朱雀の池」の魚躍沼で、朱雀と玄武、鶴と亀が入れ子状に入っているのが、この庭園の妙である。

4つ目の鶴亀は欅御殿の南庭の築山で、築山全体が亀で山腹に鶴が飛ぶ。

実相寺庭園は浜名湖地方の名園の中で唯一の枯山水庭園で、本堂から見ると正面に鶴の羽根石だけが見える。しかし、観音堂との間にある礼拝石から眺めると、築山右手の立石と羽根石が重なり、「折り鶴」の姿となることが分かった。【写-25】。これは滋賀県・長浜八幡宮50)や旧秀隣寺の庭園の鶴石組と同じでユニークな手法である。

一方、本堂の左手縁先にある立石が亀頭石で、この一石で亀が本堂を背負う姿となっており、捻りの効いた鶴亀の取り合わせには作庭者の遊び心が垣間見えて嬉しくなる【写-26】。

寺の下を通る街道は東海道の脇往還で、表街道が災害などで不通になった時の備えであった。また、女性の往来が多いことから「姫街道」とも呼ばれ、ここでは各地の様々なアイディアを盛った庭園を見ることができる。ちなみに、無縁とはいえ小堀遠州もこの街道を通り過ぎたという記録が残されている。

【写-24】実相寺庭園／築山の間に見える季用夫婦の墓

【写-25】実相寺庭園／視点の移動で現れる「折り鶴」の石組

【写-26】本堂を背負う亀石組の亀頭石

【コラム-5. 鶴亀石組の多様な表現】

鶴亀石組は左に亀、右に鶴を置くのがセオリーのようだ。鶴石組と亀石組は一般的に向かい合う配置となる。しかし、ビューポイントと遥拝対象との関係性に無理が生じる場合、同じ方向を向くこともある。

亀石組は亀頭石さえあれば成立し、他を省く例も多く、それを知ったのは和歌山の粉河寺であった。本堂を背負う亀は大階段脇の大きな亀頭石で、50年前に庭園全域を実測した時に気が付いた。

また、宇治・萬福寺方丈庭園を近年測量した折り、護岸から突出する小さな亀頭石を見つけ、これも富士山を背負った亀の見立てだと思った。

当時、庭園による「まち興し」のために毎年訪れていた熊本・人吉市の吉野旅館の女将さんから、「うちの庭園は黄檗宗の庭園だ」と毎年聞かされていた。

しかし、黄檗宗の庭園など聞いたことがなかった私は聞く耳を持たなかった。本山の実測後改めて旅館の庭園を眺めれば、確かに黄檗山萬福寺の方丈の庭園と瓜二つであった。

富士山、枯瀧石組、本山よりも立派な亀頭石に加え、本山には無い山腹を飛ぶ鶴のオマケまで付いていたのには驚いた。

黄檗宗開山の隠元と縁が深い遠州・実相寺の本堂を背負う亀は、萬福寺に倣ったのか亀頭石一石で、見事なまでに簡潔な表現を見せている。さらに、鶴石組は離れた首と翼を遥拝石の一点から見れば「折り鶴」となる。

自然石による鶴亀石組は動物の擬態というジャンルをつくり、それを発展させ龍安寺の龍となった。近代の作庭家・重森三玲はそこに虎を加えて四神相応の庭園までもつくっており、石組造型の楽しさを教えてくれる。

3）大福寺庭園のモミジの夕照

戸田 三ヶ日の北にある大福寺の歴史は古い。承元4（1207）年伊勢神宮領司の大中臣時定がかねてからあった寺を移建し、菩提寺にしたのが始まりである。庭園は大茶人、千宗旦の四天王随一といわれた山田宗徧[51]（1627-1708）の作庭説がある。この説を後押しするように存在するのが、宗徧が作庭したと伝わる福井市の養浩館庭園[52]で、芝生に覆われた築山が大福寺庭園とよく似ている。

野村 大福寺の池泉廻遊式庭園は本堂の西側にあり、池には中島がなく左右に広がり、奥行きも深い。手前には左右に分かれて亀と鶴の出島があり、正面の築山は古風な趣を漂わせ、三尊形式の蓬莱石組が景を構成している【図-16】。

この庭園で興味深いのは庭園背後の西方にある農業用の溜池との関係だ【写-28】。庭園がつくられた時に溜池は既にあったようで、築山の右手に落ちている瀧は溜池から水を引いている。

築山の輪郭はこの地方の特徴ともいえるおむすび形で、勾配が急なため法面は芝生で覆っている。石組は山腹に組まれ、明瞭なフォルムを見せると共に、山肌のアンジュレーションに合わせ、石をレリーフ状に重ねている。この演出のアイデアにはおおいに感心させられた。

この地方の庭園が魅力的なのは芝生を使った築山造形が秀れているところが大きい。大福寺庭園は西を背にして4〜5箇所に配された三尊石組から想像して、浄土曼荼羅を表現していると思われる。

なお、1970年頃の実測図には築山の頂部と瀧

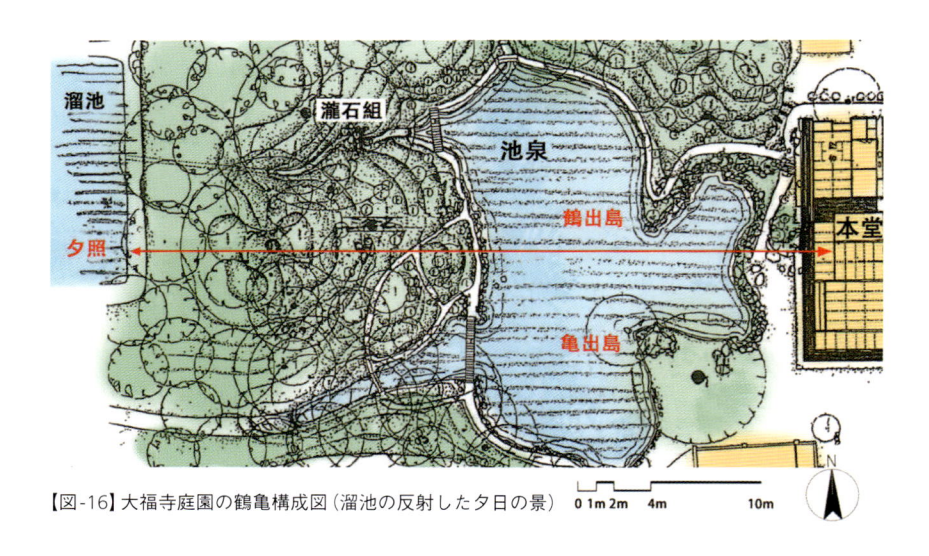

【図-16】大福寺庭園の鶴亀構成図（溜池の反射した夕日の景）　0 1m 2m　4m　　　10m

【コラム-6. 黄檗宗萬福寺庭園】

近年、京都林泉協会が黄檗宗の本山である萬福寺方丈庭園の実測調査をした。ことの始まりは江戸初期、開山当時の境内図の方丈南庭に富士山が描かれていることに注目したからである。

実際に測量してみると確かに富士山はあった。寺でも庭園の存在は忘れられており、開山隠元の作庭した庭園があることは我々以上の驚きだったようだ。

方丈が完成し庭園をつくろうとした時、中国から同行した弟子たちから中国の霊山で名高い廬山の名峰「五老峰[13]」を築く提案があった。しかし、江戸への行き帰りに見た「富士山」に感動した隠元は日本一の名山を方丈の南に築き、山頂を方丈の円窓にぴたりと収めた庭園とした。

日本庭園には明らかに富士山と思われる山が多く見られる。隠元が存命の頃は黄檗宗はブームであり、インゲン豆だけでなく煎茶も普及し、庭園には富士山が築かれた。遠州地方の庭園の築山は、概ね隠元以降につくられたようで、実相寺の築山はその影響を最も強く受けているように思われる。

の右側にクロマツの大木があり、築庭当初の正真木[53]と思われるが今はない。左手の入り江に今も比較的大きなモミジがあり、実測図を見ると山腹にサクラやモミジが描かれている。

この地域の極相林[54]は常緑樹で、名古屋から東京に向かう新幹線の車窓から山の緑が陽光を反射してキラキラと輝くと、浜名湖に近いことに気付く。ここでは落葉樹の自然林は無いに等しく、大福寺庭園のモミジは意図的に植えられたものと思われる。

ここから先は私の想像だが、夕刻になり太陽が低くなると、背後の溜池に反射した光がモミジ林を下方より照らし、赤く染まった紅葉が一層鮮やかになり、驚くほど美しい光景が生まれたのではないかと想像している【写-27】。

池の手前にある出島の鶴亀石組は自然の移り変わりや、季節の美しさを顕在化するためでもあり、まさに自然の姿をオマージュしているかの様に存在している。

宇治・平等院が浄土庭園を壮大に演出したのに対して、自然の力を借り夕照に重ねて浄土を見るという「観想」は、古来から宗教体験のひとつであった。大福寺の庭園は壮大な「日想観[55]」のための空間として、つくられたといえるのではないだろうか。

【写-27】大福寺庭園／西日が庭園後方から照らす

【写-28】庭園背後にある溜池

【コラム-7. 謡曲鶴亀と松】

都では正月最初の「子の日(ね)」に嵯峨の郊外などで小松を採り、屋敷の入口に立てる風習が平安時代からあった。これは神を迎える依代の習わしして、門松の起源ともいわれている。今も門や玄関に根付きの小松を奉書紙[14]に包み、水引で結んで立てるのは最初の姿を伝えるものといってよい。

謡曲「鶴亀」は唐の玄宗皇帝の宮中における迎春行事を描いている。この曲中に鶴亀と共に姫小松[15]が登場するのは、日本のめでたい象徴として折り込まれたと思われる。小松が姫小松即ち五葉松となり、「子の日」が「子延」となり、庭では根上がり(ねのべ)の松と発展し、鶴亀の庭の最も由緒正しいスタイルとなった。

実際に鶴亀の庭で五葉松が植えられた例は大仙院、曼殊院で、三宝院の根上がりの松は別格である。三宝院庭園では鶴島・亀島が向かい合い、その間の奥に豊臣秀吉を祭る祠がある。両島にある五葉松は単純に鶴亀の松ではなく、秀吉に捧げられた榊[16]と思われる。

寝殿造り以来、邸宅の主殿前庭に梅と橘を取り合わせて陰陽和合を示したが、これを五葉松で表現したのは、貴族として亡くなった秀吉に対する設えと思われ、品種もあえて異なる松を選んでいる。

4) 摩訶耶寺庭園の巨大な鶴石組

戸田 この庭園は長い間蓮田になっており、存在が忘れられ一般に知られていなかった。昭和40年代半ばに発見され、日本庭園研究会（吉河功[56]会長）によって発掘、復元され今日に至っている【写-29】。

　当時、この庭園は平安末期から鎌倉時代にかけての作庭であると推定されていたが、文献的確証が無く今日では江戸時代の作庭説も出ている。

野村 庭園の築山の起伏と巧みに組まれた石組が織り成す造形は見事で、取り分け池の中央に浮かぶ鶴石組が素晴らしい。鶴首石は長さが2m

もある巨大なスケール、北を向く鶴の首は切っ先が嘴のようで、鶴島の三尊石のうち翼を表現する二石は高く据えられている。全体の印象は波を分けて進む軍艦のような姿で勇ましささえあり、庭園の最も重要な景となっている【写-30】。

　建物跡からみると、庭園は東側にあり鶴島は北の方角に向かう。建物跡の対岸に見える丸味を帯びた築山は四神相応から考えれば「玄武」、つまり亀のイメージと重なる。北に亀、南に鶴を置くのは四神相応そのものだが、意外にも例は少ない。鶴に対して亀はあえて石組で表現せず、亀の築山とすることで、主張を控えたと考えられる。

　右の鶴石組と左の亀山の真ん中を東に向かって軸を延ばすと、庭園の外部にある自然の瀧に到達する。これは「瀧行[57]」のためにある聖なる瀧で、遙拝の対象になっている【写-31】。

　当地は平安中期以来、伊勢神宮（内宮）の神領で浜名神所の地であった。神仏習合の時代、仏と共に天照大御神を拝む姿整が先ずあり、鶴亀の間に朝日を拝んだ。

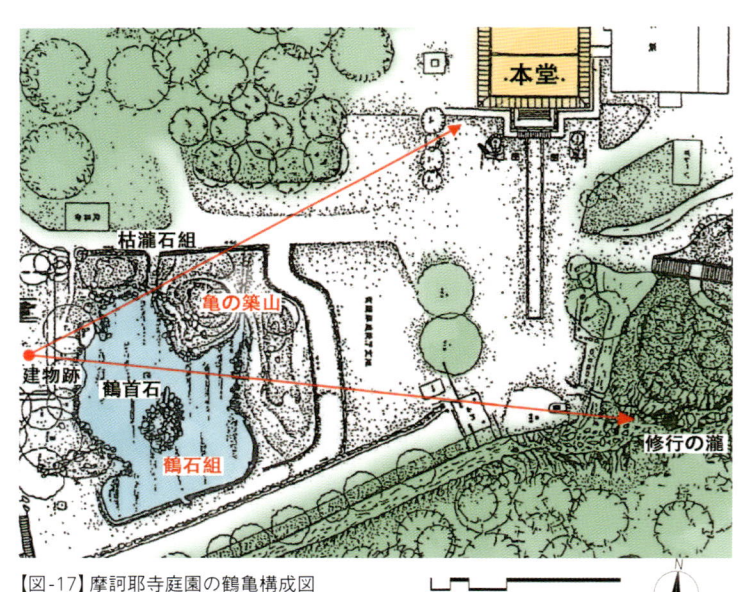

【図-17】 摩訶耶寺庭園の鶴亀構成図
　　　　（修行の瀧と本堂への軸）

0 2.5m 5m　10m　　　　25m

【写-29】 摩訶耶寺庭園の全景を見る

さらに、建物跡から左手を見ると、左の枯瀧と右の亀山との間を通る軸が本堂に至っている。さらに、この亀山の稜線と本堂の屋根勾配は相乗しており、庭園と本堂は一体の関係で構成されていたことがよく分かる【図-17】。

摩訶耶寺と大福寺は隣り合わせに存在し、「神と仏」、「朝日と夕日」、好対象の鶴亀庭園の究極の「対の取り合わせ」がある。これらの庭園が体験できる三ヶ日は庭園愛好家にとって垂涎の地といえる。

伝統的に我国の庭園は庭と背景との関係で成り立っており、庭の範囲内だけではなく周囲の

【写-30】摩訶耶寺庭園／池に浮かぶ巨大な鶴島

【コラム-8. 中国と日本の亀石組の違い】

池泉における表現で注目したいのは中国・蘇州の獅子林庭園[17]。亀の胴体を水没させて水面に頭だけを出す設定で、炎のようにゆらめき立つ太湖石の蓬莱山を背負う姿を、亀頭石一石で表現するスタイルは簡潔にしてリアル。

日本で同様の表現は金閣寺の九山八海石[18]を背負う亀で、金閣からそれは見られる。他には、龍潭寺庭園の亀は岩島による亀頭石が築山を背負う構図となる。

ちなみに、亀が背負う蓬莱山は京都・芬陀院庭園や島根の雪舟作・医光寺庭園[19]、萬福寺庭園にもある。いずれも無表情な立石で獅子林の太湖石のような霊気が漂う表情には程遠い。

しかし、最近愛知県の庭園で霊気溢れる蓬莱石を見つけた。

知多半島半田の小栗家の庭園は文人趣味の「煎茶の庭」[20]で、建築は2022年国の重要文化財に指定されたばかり。主庭の中央に鞍馬石で組まれた亀が背負う蓬莱山は、中国人が納得する太湖石の火炎のような姿である。

総じて亀は中国式が蓬莱山を背に負うシンプルでリアル、手足など細部にこだわる日本の亀はマンガチックとも思える。

一方鶴は中国ではそれらしい例を見かけない。日本の鶴は亀に比べ表現が難しい分、造形的に工夫があり、中でも近江地方には京都をしのぐ程の傑作が多い。

「折り鶴」の旧秀隣寺、「鶴首」の玄宮園、「空飛ぶ鶴」の楽々園、「巣籠もりの鶴」の長浜八幡宮のアイディアなども出色の出来で

ある。

また、ビューポイントから立石を重ねて折り鶴として見せた鶴石組は、長浜・八幡宮、遠江・実相寺にもある。ちなみに、羽根のみは遠江・龍潭寺、鶴首のみは備中高梁・頼久寺、彦根・玄宮園などにあり、いずれも見る者を納得させる造形である。

蓬莱山と亀頭石が揺らめき立つ姿が印象的

【写-31】摩訶耶寺庭園／「瀧行」を行う自然の瀧

自然や歴史、文化を庭園に取り込み、空間の広がりや深さを獲得してきた。その意味で当地方の庭園の多様な構成は古庭園を読み解くだけでなく、つくる上でも多くのヒントを与えてくれるありがたい事例といえる。

おわりに

戸田　今回のテーマ、「鶴亀石組が意味するもの」について述べてきた。日本庭園は「かたち」を捉えるだけで無く、その奥に潜んでいる意味を思想、宗教などを通して解いていく必要があることがよく理解できた。

　「鶴や亀」の石組表現を手法や技術だけで終わらせず、何のための石組なのかという作者の狙いを読み取る必要がある。その行為を継続する

【コラム-9. 鶴はどちら向きに飛ぶか？】

　鶴亀石組において鶴が右から左に向かう事例が圧倒的に多いことは本文からお解りいただけたと思う。その理由のひとつに三具足の飾りの影響があると私は考えている。仏壇に置かれた三具足のひとつ、燭台は鶴を指しており、1燈の場合は右側に置き中央に向くのが一般的で、その結果左向きとなる。庭園の場合、金地院庭園、三宝院庭園なども右側に鶴を置いているので、鶴は左向きとなり、他の多くの庭園もこれと同様となっている。

　現代のデザインにおいても鶴など鳥の仲間の向きは左向きが多く見られるようで、中国国際航空（CA）の鳳凰と、東方航空（MU）の燕の尾翼のマークはどちらも左向きである。我が国の日本航空（JL）の鶴丸も左向きで、フィンランドのフィンエアー（FN）はFの字を羽根に見立てて、左に向くには都合が良い。

　これは旅客機の搭乗口は進行方向の左側で、飛んでいく方向も左なので、おのずと鳥は左に向かう。しかし、右側から見るとマークは後ろ向きとなり具合が悪い。一昨日に乗ったCAとMUの右側のマークは反転して、前向きになっていた。JLの鶴丸は目立たないからか、頑なに右側からは後ろ向きで、　FNは大胆にもロゴを裏に反転していた。

鶴亀の表現一覧表

庭園	宗派	時代	所在地	様式
西芳寺庭園	禅宗	南北朝	京都市右京区	池泉廻遊
金閣寺庭園	禅宗	室町	京都市北区	池泉廻遊舟遊
西本願寺庭園	浄土真宗	江戸前期	京都市下京区	枯山水
醍醐寺三宝院庭園	真言宗	江戸前期	京都市山科区	池泉廻遊
南禅寺金地院庭園	禅宗	江戸前期	京都市左京区	枯山水
粉河寺庭園	天台宗	江戸後期	紀の川市粉河	枯山水
龍潭寺庭園	禅宗	江戸前期	浜松市井伊谷	池泉鑑賞
実相寺庭園	禅宗	江戸前期	浜松市金指	枯山水
大福寺庭園	真言宗	江戸前期	浜松市三ヶ日	池泉廻遊
摩訶耶寺庭園	真言宗	江戸前期	浜松市三ヶ日	池泉鑑賞

ことで、庭園の理解は深化していくはずである。

　作者が視点場（フォーカルポイント）と目標物（ランドマーク）を設け、空間構成を明確にしているのは、日本庭園もモダン・ランドスケープも同じ手法である。庭園の中で構築した軸線や、庭園外まで拡張した軸線を発見することで、祖先に対する尊敬や敬慕の念、さらに自然が持つ霊的な世界への憧れが見えてくる。

　この軸組構成を日本庭園に重ねれば、今まで混沌としていた庭園の意味や景観が、よりはっきりした姿で目の前に現れるのではないだろうか。

　また、ランドスケープデザインに「シークエンス」という概念の用語がある。これは歩行空間における時間的経緯を「見えるデザイン」として捉え、空間を組み立てる手法である。見える空間だけではなく、奥へ奥へと進む視線の先

にある「見えていない何か」により誘導されている心理的デザインでもある。

　それは、路の小さな曲がり角や僅かな高低差、飛石の間隔や振れ方、樹木の葉の大小、石組や石造物、これらがかもし出す微妙なニュアンスを感じ取れれば、見えなかった何かが見え始めてくるはずである。

　私たちの先人が築き上げた日本庭園の技法には多くの想いが重ねられていることを学んだ。それらの庭園を日本各地で触れられる喜びは何物にも代え難い。私たちはこれを機会に庭園を深く学び、真摯な気持ちで庭園に向きあいたいものだ。

　これからも、庭園を訪ねて鶴亀の表現を鑑賞し、新たな日本庭園の読み解きにチャレンジしてはどうだろうか。

| 遥拝ポイント・鑑賞方向 | 修景（庭園内） | | 遥拝対象（庭園外） | 借 景 | 植 栽 |
	近 景	中 景	遠 景		
湘南亭から北	鶴島（東）・亀島（西）	中島	瑠璃殿（秦氏）、西来堂（達磨）、名月	裏山	モミジ
舎利殿（金閣）から南西	鶴島（東）・亀島（西）	中島	等持院（足利尊氏）	衣笠山	アカマツ・モミジ
大客殿から東北	鶴石組（南）・亀石組（北）	中島	御影堂（親鸞）	御影堂	ソテツ
泉殿から南	鶴島（西）・亀島（東）	枯龍石組	豊国稲荷（豊臣秀吉）	東山	ゴヨウマツ・ソテツ
方丈から南、礼拝石から南西	鶴石組（西）・亀石組（東）	築山	東照宮（徳川家康）	東山	アカマツ・シンパク
本殿への延段から北	鶴石組（東）・亀石組（西）	蓬莱石組	位牌堂、本堂	本堂	ソテツ
本堂から北	鶴石組（西）・亀出島（東）	法面植栽	八幡宮（現井伊谷宮）（井伊家）	山並	サツキ・ソテツ
客殿から西	鶴羽石（東）・亀出島（西）	築山	墓地・霊屋（井伊家）	山並	クロマツ
礼拝石から北	鶴石組（東）・亀頭石（西）	築山	墓地（近藤季用夫妻）	山並	
客殿、礼拝石から西	鶴出島（北）・亀出島（南）	築山	夕日、溜池反射光（阿弥陀如来）	山並	クロマツ・モミジ
客殿跡から東	鶴島（南）・亀山（北）	築山	不動瀧（瀧行）、名月、本堂、朝日（天照神）	山並	シダレザクラ

小石川後楽園の3つのテーマ
～能の世界・旅の風景・中国への憧憬～

第3章

はじめに

小石川後楽園は日本が誇る名園のひとつである。江戸時代初期につくられた廻遊式庭園[1]は京都の離宮や江戸の大名庭園へと発展し、江戸という新しい時代の象徴的な存在であった。中でも小石川後楽園は完成から400年、時の流れの中に存在して姿を変えながらも庭園は存続、明治の始めには危うく破壊されるところを免れている。

庭園を歩くと、庭園が発する情報に包まれて江戸時代にトリップしたかのような気持ちになってくる。

今回の目的は、小石川後楽園に仕掛けられたテーマについて、その構成と内容を読み解く楽しさを読者に伝えることである。

最初に種明かしをすれば、小石川後楽園はひとつのテーマだけでなく、「能の世界」、「旅の風景」、「中国への憧憬」の3テーマを重ねてつくられた庭園で、時代の流れに合わせながら生まれ、継続してきたものであった。

日本庭園は建築や絵画と違い歴史文献があまり残っておらず、作庭者や完成時期が分かりにくい。また、台風や地震などの災害で破損することや、樹木の成長などにより地割りや石組に変化が生じることもあるからだ。しかし、小石川後楽園の資料は比較的残っており、絵図の内容や施設の名称、作庭時の藩主や作庭者の残した情報から、様々なことを読み解ける。

今回、それらの資料を元にして、庭園の3テーマを解読してみたい。まず、小石川後楽園が辿った歴史から始めていきたい。

---

1. 初代水戸頼房の時代ー京都の香り（謡曲）に満ちた庭園
   〈寛永6年（1629）～寛文元年（1661）〉
2. 二代水戸光圀の時代ー中国文化（儒教）を取り入れた庭園
   〈寛文元年（1661）～元禄3年（1690）〉
3. 三代徳川綱條の時代以降ー庭園の改修と衰退
   〈元禄3年（1690）～明治元年（1868）〉
4. 明治政府の時代ー庭園の保全と修復
   〈明治元年（1868）～ 〉

【表-1】小石川後楽園の歴史

【写-1】背後に近代都市がそびえる現在の小石川後楽園

1. 小石川後楽園の歴史

戸田　小石川後楽園は古来、名園中の名園とされ、庭園の国宝とされる特別名勝[2]の指定を受けている。今日、その名は東京ドームや遊園地として広く知られ、庭園からは銀色に輝く巨大なドームが間近に見える【写-1】。さらに目を転じると超高層の文京区シビックタワーも近接、江戸と東京の時空間が交差する刺激的な景観が織りなす特別な庭園でもある。

小石川後楽園の変遷を辿ると、庭園は時代の要請により変化し続ける生き物であることがよくわかる。その要因は藩主の哲学の相違であったり、賓客の来訪や藩主の後見人の趣味、さらには社会の大きな変化によるものであったりする。

野村　小石川後楽園の400年の歴史は大きく4つに区分してみると理解しやすい【表-1】。

寛永6（1629）年徳川御三家[3]のひとつ水戸徳川家は、二代将軍秀忠から小石川の一帯約

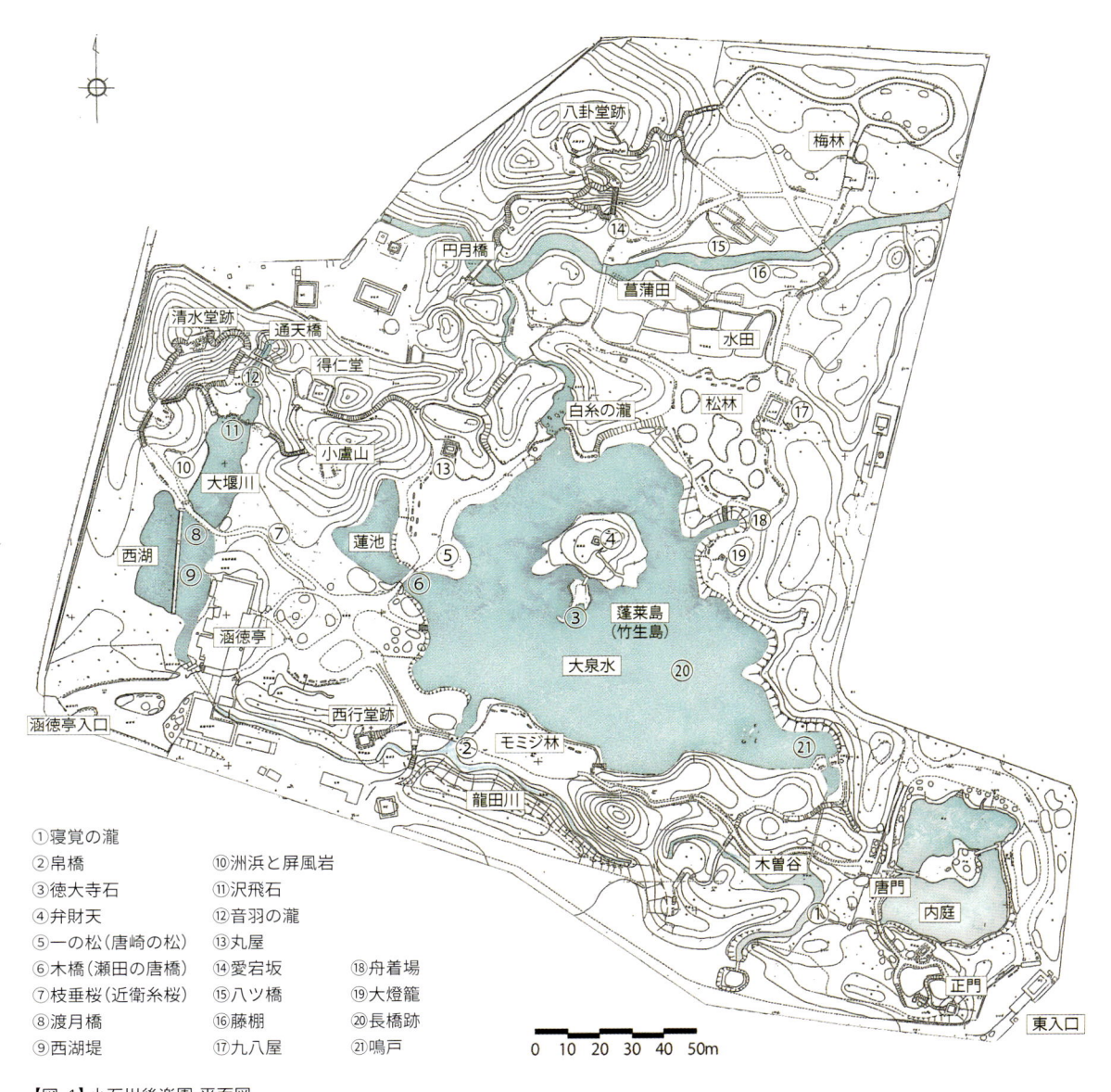

① 寝覚の瀧
② 帛橋
③ 徳大寺石
④ 弁財天
⑤ 一の松（唐崎の松）
⑥ 木橋（瀬田の唐橋）
⑦ 枝垂桜（近衛糸桜）
⑧ 渡月橋
⑨ 西湖堤
⑩ 洲浜と屏風岩
⑪ 沢飛石
⑫ 音羽の瀧
⑬ 丸屋
⑭ 愛宕坂
⑮ 八ツ橋
⑯ 藤棚
⑰ 九八屋
⑱ 舟着場
⑲ 大燈籠
⑳ 長橋跡
㉑ 鳴戸

0　10　20　30　40　50m

【図-1】小石川後楽園 平面図

25haを拝領した。家康の十一男であった初代水戸藩主・水戸頼房[4]（1603-1661）はこの地に中屋敷を構え庭園を築造、これが小石川後楽園の始まりである。

1)水戸頼房の時代
～京都の香り（謡曲）に満ちた庭園～

野村　後年、江戸城内にあった上屋敷[5]が明暦の大火で炎上したことから、中屋敷は上屋敷に格上げされた。

この地は小石川台地の突端で、かつては鬱蒼とした森であった。庭園造成にあたっては極力自然の地形を生かすとともに、神田上水の分流である小日向上水[6]から水を引き入れ、庭園の中心に大泉水をつくっている。

このような大規模工事は幕府の承認が必要で、築庭には頼房とは甥の間柄で兄弟のように育った1歳違いの三代将軍家光（1604～1651）の力が大きかった。これに限らず家光は度々、小石川後楽園を訪れて庭園工事を直接指導したと伝えられている。

戸田　頼房時代の小石川後楽園は京都風の庭園であったようだ【図-1】。当時の姿を知ることのできる絵図の存在が一般に知られたのは近年になってからである【図-2】。その絵図から庭園のコンセプトは読み取れる

【写-2】蓬莱島「竹生島」の徳大寺石

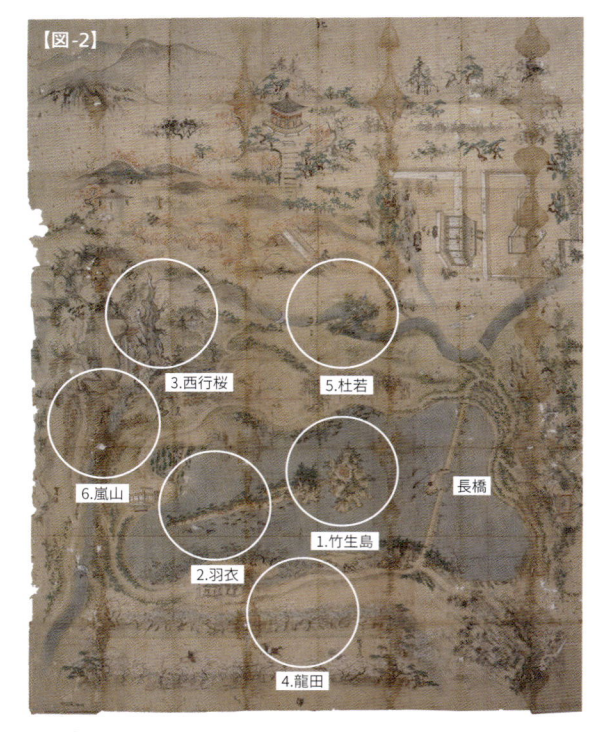

【図-2】　3.西行桜　5.杜若　6.嵐山　1.竹生島　2.羽衣　長橋　4.龍田

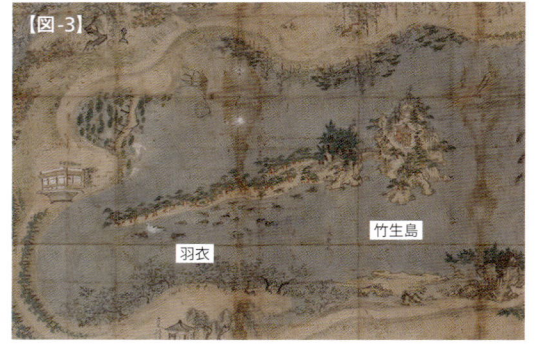

【図-3】　羽衣　竹生島

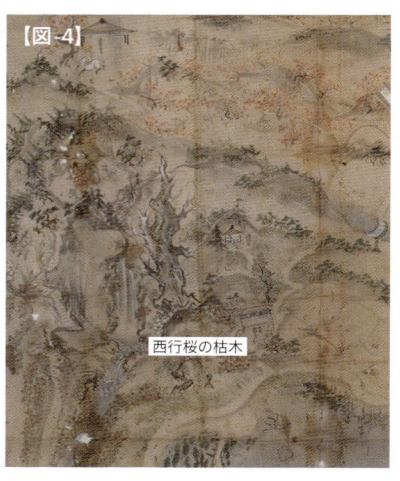

【図-4】　西行桜の枯木

【図-2】江戸時代初期の庭園平面図
（水戸藩小石川御屋敷御庭之図／明治大学博物館所蔵に加筆）
【図-3】蓬莱島の砂洲　【図-4】桜の精（古木）
（水戸藩小石川御屋敷御庭之図／明治大学博物館所蔵を拡大・加筆）

のか。そして、この時代につくられた庭園の施設は今日まで残っているのか、確かめてみたい。

(1)「能の世界」を表現した庭園
～絵図から読み解く「能の世界」～
野村 当初の作庭者は京都の徳大寺佐兵衛とされ、その名は蓬萊島7)前部の垂直に輝く巨石「徳大寺石」として残され広く知られている【写-2】。しかし、作庭者名が分かるだけでは庭園のコンセプトや構成を読み取ることはできない。

そこで、絵図を基に庭園を細かく見ていくと、まず目に留まるのが大泉水を渡る長大な橋の存在だ。この長橋は明和(1761-1770)頃に廃止され、景観は大きく変化した。また、絵図中央には「蓬萊島」から連なる長大な洲浜に松林が描かれている。この洲浜の背景に「都の富士」、比叡山があり、「羽衣」の「三保の松原」または「天橋立」に似せた景色があったのではないかと推察できる。

この「蓬萊島」と「三保の松原」の存在は謡曲8)の教養があれば、この庭園と能との関係に気付くはずだ【図-3】。庭園は能のステージ、大泉水を横切る「長橋」は能舞台への「橋掛かり9)」で、渡ったところから能のワンダーランドは始まる。

そんな視点で絵図の庭園西部を見ると、瀧の右隣にかなり目立つ大きな枯木があるのに気付く。これほど大きな枯木を庭園に描くのは、何か深い意味があるに違いないと考えるのは当然だ【図-4】。

この絵図は当時の庭園を今に伝えており、能の名場面を映しているようでもある。絵図と庭園を比較すると、庭園の主要部は概ね残されている。しかし、北部にあった「能舞台」は早い時期になくなり、南部の「馬場」は区画整理で削られ、僅かに片鱗をとどめているだけになった。

「能(謡曲)と庭園」の関係性については、後ほど詳しく説明したい。

(2)「旅の風景」を取り入れた庭園
～江戸から京都への旅のシークエンス～
戸田 「能の世界」をベースとし「旅の風景」を取り込んだ小石川後楽園は、「中仙道の旅」さらに後年、「東海道の旅」をテーマとして名所旧跡を庭園に盛り込み、エンターテイメント性の高い風景を展開した。この旅のテーマは、現在の鑑賞者にとっても分かり易く、シークエンスも変化に富んで人気も高い。縮景された名所を手に取るように眺め、実際に旅行した気持ちにさせてくれる素晴らしいコンテンツといえる。

小石川後楽園は初期に立てた「能の世界」と「旅の風景」という2つのテーマで骨格がおおよそ決められ、今日に至っている。

旅の各々のシーンについても追って説明していきたい。

【コラム-1. 澤田天瑞の「謡曲と日本庭園」の解釈】

謡曲をコンセプトとする庭園は江戸初期の一時期につくられたが、今では謡曲と庭園が結びつくことさえ忘れられている。これについて着目し研究したのが澤田天瑞である。

澤田氏は名古屋市公園緑地課の職員だった頃、市庁舎に隣接する名古屋城の二之丸庭園の研究を行い、これが発端と思われ、その後、他の庭園にも領域を広げて研究されていた。私自身、学生時代より氏の話を伺っていたが、「謡曲」というだけでいささか腰が引け、よく理解できなかった。

その後、私は庭園の実測を手掛けたが、庭園空間を物理的に解析してみても発想の根源的な答えが解明できないことに気付いた。そんな中、澤田氏の話す「禅」や「謡曲」の研究が庭園発想の答えとなることが徐々に分かり始めてきた。

氏の研究はいささか強引なところがあり、全てを盲目的に受け入れることはできないが、説の多くは庭園実測で庭を体感した私の目から見ても納得できるものであった。ある意味、私の実測が氏の研究を補強する結果となったことが度々あった。

実測することは作庭の現場を追体験する作業でもあり、図面やデータを見るだけでは知ることができない情報が得られ、今も庭を知る上では最上の学習法といえる。

2）水戸光圀の時代
〜中国文化への憧憬の時代〜

戸田　水戸黄門の名で親しまれている二代光圀[10]（1628-1700）はこの地で父頼房に育てられた。光圀は18歳の時、中国初の歴史書である司馬遷の「史記[11]」を読んで深い感銘を受け、後に明の儒学者「朱舜水[12]」を招いて儒学を学んでいる。

　そして、庭園は朱舜水の意見を取り入れ、中国趣味豊かな空間に改修した。なぜ、光圀は中国文化をこれほどまで庭園に取り入れたのだろうか。

野村　光圀は中国の「史記」に感激し生涯をかけて国史の編纂事業に取り組み、「大日本史[13]」本記・別伝をほぼ完成させた。光圀は中国文化への憧れが強いあまり、小石川後楽園で中国にちなんだ空間をつくらせたのだろう。中国・杭州にある「西湖の蘇堤[14]」を模した「西湖堤」【写-3】や、水面に円形が映る「円月橋[15]」【写-4】などは朱舜水の意見を取り入れ、一目で中国が感じられる世界を実現させている。

　また、光圀は朱舜水に園名を選ばせ「岳陽楼記[16]」から「先天下之憂而憂、後天下之樂而樂（君子は天下の憂いに先立って憂い、天下の楽しみに遅れて楽しむ）」を引用して「後楽園」と命名した。光圀は頼房が作庭した庭園を大きく改造せず、新たな施設を西部と北部に集中して付け加え、自分の世界をつくったのである。

3）徳川綱條の時代以降
〜庭園の改修と衰退の時代〜

戸田　小石川後楽園は頼房、光圀の二代で完成したが、その後震災や改修が続き当初の姿がだんだん失われていった。他の事例を辿ってみても庭園環境の持続、管理は今日と同じように難しいことが多かったようだ。

野村　庭園側から見れば人災、天災が続いたようなもので、当初の姿が失われる庭園を藩主の力だけではどうにもできなかった。

　元禄15（1702）年将軍綱吉の生母、桂昌院[17]が来園するため、庭園の改修を余儀なくさせられた。御年78歳の老母の安全のため、園路周辺の大石、奇石の大半を取り除き、園趣が一変したと「後楽園記事」に書かれている。改修は六義園をつくった柳沢吉保の指導があったといわれており興味をそそられる。

戸田　この改修は現代の設計用語を用いれば「バリアフリー改修」である。当時はおそらくその認識はなく、高貴な方だからこその対応であったが、庭園の景色は様変わりしたことが分かった。

　さらに受難が続く。四代藩主宗堯（1656-1718）がまだ幼年だった時代、後ろ盾としての実父が国元の瀬戸内の風景を持ち込んだ。大樹を切り払い園地を明るくし、新たに「鳴門の渦」のアトラクションをつくるなど古の面影が失われていった。

【写-3】西湖堤

【写-4】円月橋

これは庭園と風土の関係性を問うもので、実父の高松藩主・頼豊は鬱蒼とした小石川後楽園とそりが合わず、瀬戸内の光が溢れる明るい栗林公園[18]のような風景をつくろうとして樹木を伐採した。これを今日的に問えば、「エコロジーからの視点」が欠けており、計画論から考えても容認できるものではなかった。

野村 ちなみに、頼豊は口を出すだけではなく、瀬戸内の波に浸食された手水鉢のプレゼントが今も残るが、高松藩邸は堀をはさんだ隣屋敷であった。一方、栗林園には小石川後楽園を模したと思われる個所があるのが興味深い。

その後、時間を経て現在見る自然の姿に遷移したが、当時の伐採された風景を見て嘆いた文人も数多くいたと記録に残っている。

4) 明治政府の時代
～保存活動と災害の時代～

戸田 明治2（1869）年版籍奉還により小石川後楽園の土地は国に上地（あげち）され、同年東京砲兵工廠が置かれた。その後、庭園を廃止して兵器製造所の拡張が画策されたが、工廠の顧問としてフランスから招かれたルボン陸軍大尉のアドバイスに、我が意を得た陸軍卿・山縣有朋[19]が主導して庭園は保存された。

大正12（1923）年小石川後楽園は史跡名勝に指定される。しかし、同年9月の関東大震災により涵徳亭[20]、清水観音堂[21]、八掛堂[22]が全焼。西行堂、丸屋などの建物だけでなく、徳大寺石、屏風石、石燈籠も倒壊した。さらに、昭和20年（1945）東京大空襲で東門、唐門、丸屋、九八屋、西行堂が焼失するなど大きな被害を被った。

近年では平成23年（2011）東日本大震災で一部被害が出たが、現在は修理が完成、念願であった唐門も2020年に復元された【写-5】。

【写-5】復元された唐門

【コラム-2. 能（謡曲）をテーマにした名古屋城二之丸庭園】

現在も残る能（謡曲）がテーマとされる代表的な庭園を探ってみると以下のようになる。

- ●鶴亀…三宝院、二条城、金地院、曼殊院、西本願寺、玄宮楽々園、桂離宮
- ●石橋…名古屋城二之丸庭園
- ●融　…東本願寺渉成園
- ●羽衣…修学院離宮
- ●竹生島・西行桜・杜若・龍田・嵐山…小石川後楽園

これらの庭園は、ほぼ江戸初期に集中しており、徳川系に関わる庭園が大半である。「鶴亀」を別にすれば最も早い時期の例が「石橋（しゃっきょう）[1]」をテーマにした名古屋城の二之丸庭園である。この庭園は武将茶人、上田宗箇の作庭説が有力視されていたが、作庭のタイミングに疑問が残ることと、謡曲と儒教という一見水と油のようなテーマが重なることを不思議に思っていた。

庭園のテーマを「石橋」と解いたのは澤田天瑞だが、近年の井上光夫の研究から浮上した人物が吉田素庵である。素庵の別名は角倉素庵で豪商の角倉了以の息子。土木・流通・漢学・儒教のエキスパートで出版にも関わり、本阿弥光悦の嵯峨本として知られる古典文学や観世流謡本製作のパトロンであった。

尾張徳川家とは藩の事業に関わると共に、初代藩主義直に学者として登用され、請われて和漢書の講義もおこなっている。先程の矛盾は素庵という人物の出現により透け合う。

名古屋城二之丸庭園の物語を加えてつくった「謡曲庭園」の集大成が小石川後楽園で、鶴亀の表現は白砂と根上りの五葉松を約束事として入れた。

謡はシナリオで舞台は庭、客は主役となって庭を巡った。

2. 小石川後楽園のテーマとデザインの意図

戸田　日本庭園のデザインを慎重に読み解くと、テーマをいくつか重ねた複雑な物語が展開している例が多いことに気付く。特に、小石川後楽園はテーマを大規模かつ緻密に展開させ、見せ場を多く表現していることが見て取れる。

すでに述べたが、この庭園の素晴らしさは3つのテーマを重ねて構成していることである。

● テーマ1…能の世界を庭園の適所に配置、
　　　　　謡いながら逍遥する「能の世界」
● テーマ2…中仙道と東海道の旅路を楽しむ
　　　　　「旅の風景」
● テーマ3…中国江南地方、杭州西湖の風景を
　　　　　庭園に再現、憧れの中国に親しむ
　　　　　「中国への憧憬」

これら3つのテーマを重ねて庭園を構成したのが小石川後楽園の姿である。まず、「能の世界」を通して小石川後楽園を見ていきたい。

3. 能の世界と小石川後楽園

戸田　日本の伝統演劇の頂点として誉える「能」が「日本庭園」の世界にどのように表現されてきたか見ていきたい。

「能」は室町時代、北山文化を象徴する芸能で桃山時代から江戸初期に最盛期を迎えた。江戸初期の日本庭園では大規模な廻遊式庭園がつくられ始め、園路を廻遊しながら風景を楽しむ鑑賞スタイルが確立した時代でもあった。

そこには、庭園を歩くにつれて風景が変化するシークエンスの楽しみがあり、その題材として「能」の脚本ともいえる「謡曲」が用いられた。「謡曲」はその調子が歩行のリズムとも合い、「物語」に「風景」を重ねて文学や芸能の奥深い世界を日本庭園に表現することに適していた。

では、謡曲を用いた日本庭園にはどのような空間とシークエンスが展開していたのか、小石川後楽園を歩きながら探ってみたい。

その前に、能と謡曲の歴史について学ぶことからスタートしたい。

1) 能と謡曲の歴史
(1) 能のはじまり

野村　「能」が歌舞劇となるのは能楽の大成者である世阿弥[23]が著し、一般には「花伝書」として知られる「風姿花伝」を書いてからといえるだろう。能楽は平安・鎌倉期の奇術や滑稽な物まねが中心の「猿楽」と、田植えの歌舞に始まる「田楽」を起源としている。鎌倉時代後期には芸能も多様化し、寺社の祭礼では多くの人がいろいろな芸を演じるなど、祝寿芸を始まりとした大衆芸能が大いに発展した。

(2) 能に親しんだ武将たち

比較的早くから武将もこれを愛好し、婆娑羅[24]大名として知られる佐々木導誉もそのひとりであった。ちなみに、能は長らく「猿楽」や「田楽」と呼ばれており、「能」と呼ばれるようになったのは明治維新以後である。

謡曲の庭園で小石川後楽園より古くからあるのは名古屋城の二之丸庭園で、そこには「田楽山」と名付けられた築山がある。澤田天瑞が庭園に「謡曲の庭」というカテゴリーがあると気付いたのは、ここで「田楽」のキーワードを発見したからであった。

能は謡曲と舞が一体となった総合的芸能で当時の人々を虜にした。取り分け謡曲は文学・歴史・宗教に紀行的要素を巧みに折り込み、武将の教養として親しまれた。江戸時代では「謡言葉」が江戸詰の地方武士にとって訛りの対策となり、現代の商社マンの外国語習熟と同様の必修科目とされ、能に至らずとも謡曲は武士のたしなみのひとつだった。

能の社会的地位が確かな存在となったのは、足利義満が世阿弥を登用してからで、天皇の行幸などを始め祝宴のイベントで能が演じられた。以後、代々の将軍が能を愛し義満ほどの情熱はなくとも、舞楽として節会や祝祭で必須の

演目となった。年頭の「謡始め」に「鶴亀」を唱和するのは近世の武家の習わしとされ、謡曲は能を離れて親しまれていたことが分かる。

(3)信長、秀吉、家康の能

安土桃山時代、織田信長は能を好んだが自ら舞うことは無く、語り物的な「幸若舞[25]」を特に好んだ。信長は能が人を耽溺させると考え一定の距離を置いていたが、当時絶えていた薪能[26]を復活させている。この頃は謡曲と庭園との間に積極的な関係はまだ見えず、「鶴亀」をテーマとする庭園に謡曲「鶴亀」の引用を確認する程度であった。

豊臣秀吉は最晩年の57歳以降、能に熱中しており自作自演の能が知られている。「明智」、「柴田」を討ち取ったという演目も演じられた。庭園では醍醐寺三宝院[27]の「鶴亀の庭」が謡の引用としては最右翼だが、この「鶴亀石組」は秀吉死後の改造によって生まれたことは第2章「鶴亀石組」で述べた。

ちなみに、秀吉最後の大イベント「醍醐の花見[28]」は謡曲「嵐山」をなぞらえたと思われる。この「嵐山」は吉野から桜を1000本移植したことから物語が始まり、花見を代表する能として演じられた。実際に秀吉は花見に合わせて、近畿一円から約700本の桜を移植させ、豪華に開催している。

家康は今川の人質となっていた駿府時代から能に親しみ、大坂城に詰めていた能役者を駿府に移し、自ら舞うことも度々であった。その影響は後の将軍を始め大名のたしなみとなり、能の発展に大きく貢献した。

2)小石川後楽園絵図からの読み解き

戸田 再び、絵図に戻って「能の世界」をもう少し深く読み解きたい。庭園には少なくとも6つの「能のモチーフ」が存在していることが絵図から見えてくる【図-5】【表-2】。

(1)竹生島（現存）

琵琶湖に見立てた大泉水に浮かぶ中島は蓬莱島（竹生島）とされ、島にある祠は弁財天を祀っており、能の「竹生島」を表現していると思われる【写-6】。

(2)羽衣（消失）

蓬莱島に連なる砂洲は能「羽衣」の「三保の松原」に似せた景で表現しているが、現在その姿はない【図-3】。

(3)西行桜（現存、一部消失）

西行堂の存在から推察すれば絵図にある大枯木は「桜の精」と思われ、能の「西行桜」を表現。謡曲でくくれば近衛の糸桜、音羽の瀧、大堰川、

【コラム-3. 小石川後楽園はシネマコンプレックス】

小石川後楽園の蓬莱島を謡曲の「竹生島」とするのは澤田天瑞の研究で度々耳にしていたが、「西行桜」もあるのではと聞いたところ、そうだと答えられた。多分、小石川後楽園のテーマは「竹生島」であると力説した一方、それほど「西行桜」は重要視しなかったからと思われる。

確かに庭園の中心に「竹生島」はあり、そのテーマが「国家鎮護」であれば当然、大テーマとして相応しい。しかし、今では「竹生島」は大泉水の捌け口に浮かぶ岩島に成り下がり、その降格ぶりは嘆かわしい限りである。

また、江戸から京都への街道をテーマにしたのは後世の藩主の思いやりだが、主題を国家鎮護から女性にシフトしたのであれば、興味深いことである。

「謡曲庭園」は映像文化のなかった時代の映画であり、プログラムがいくつも用意されている小石川後楽園は、今風に表現すればシネマコンプレックスといえよう。庭園は3D空間でありバーチャルリアリティーが体験できたが、本当に楽しむには謡曲の予備知識が必要で、これを知る者にはゾクゾクするような世界だったに違いない。

しかしながら、予備知識を要することが逆に障害となり、次第に「謡曲庭園」が見られなくなったのは残念である。改めて謡曲に対応するインフォメーションが用意されれば、庭園鑑賞は一層面白くなるだろう。

いまだに庭園は無声映画の時代と言っても過言ではなく、日本庭園の研究は庭園の物理的な表現の範囲に留まり、コンセプトの研究が少ないことが残念である。

渡月橋など全てが含まれる【図-4】。

(4)紅葉狩り（現存）

蓬莱島を望む広場の紅葉林と渓谷は紅葉の名所「龍田川」で、能の「紅葉狩り」を表現している。

(5)嵐山〈西行桜〉（現存）

庭園西部にある枝垂桜は「都の春」を西行桜と重ねて表現、「嵐山」などの山々に囲まれた京都の名所を展開している。

(6)杜若（現存）

庭園北部にある「八つ橋」は田園の象徴的存在で、在原業平にちなんだ能である「杜若」を表現している【図-6】。

以上、庭園における能のモチーフは絵図から6点ほど見付けることができ、これらを読み込みながらデザインの意味と表現を考えていきたい。

3)「竹生島」の世界

戸田　それでは小石川後楽園の中心にある大泉水の蓬莱島を取り上げた能・「竹生島」から具体的に話しを進めてみたい。

物語は延喜帝（醍醐天皇）の臣下が竹生島の弁財天に詣でようと、琵琶湖の竹生島を訪れるところから始まる【写-6】。湖畔で出会った老いた漁師と若い女と一緒に釣り船に乗り、うらら

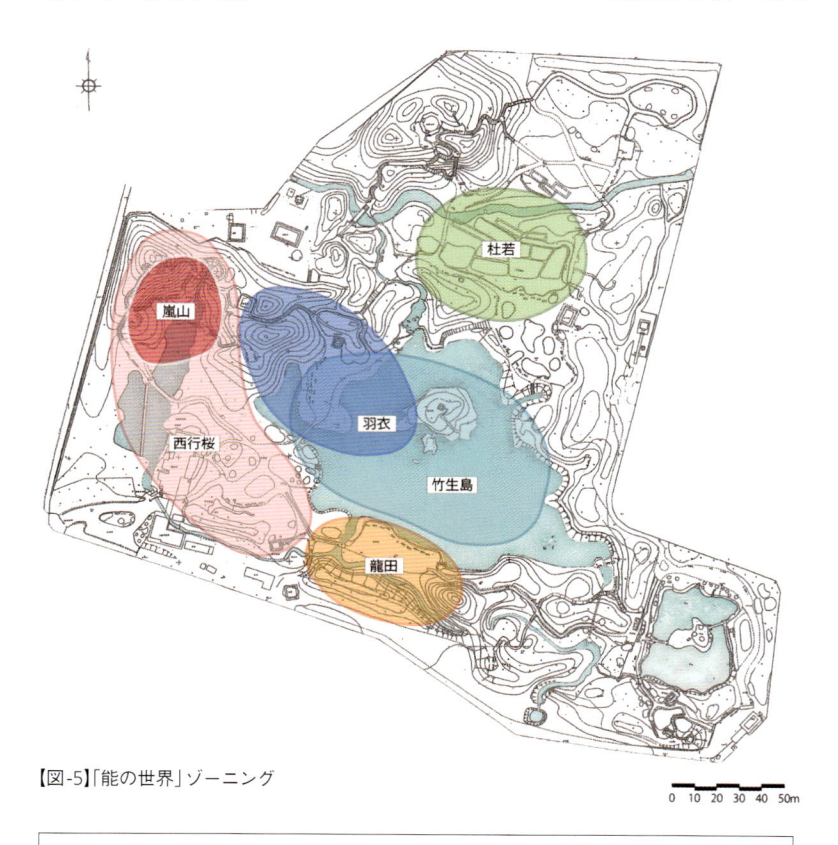

【図-5】「能の世界」ゾーニング

0 10 20 30 40 50m

1. 竹生島 ……… 〈現存〉大泉水（琵琶湖）、蓬莱島（竹生島）、小盧山（比叡山）
　　　　　　　　〈消失〉長橋
2. 羽　衣 ……… 〈消失〉蓬莱島に連なる砂洲
3. 西行桜 ……… 〈現存〉枝垂桜（近衛の糸桜）、大堰川、音羽の瀧
　　　　　　　　〈消失〉通天橋横の大枯木、清水観音堂、地主神社の桜
4. 龍　田 ……… 〈現存〉龍田川の紅葉林と渓谷
5. 杜　若 ……… 〈現存〉三河の「八つ橋」
6. 嵐　山 ……… 〈現存〉大堰川周辺の風景

【表-2】「能の世界」と舞台

かな景色を見ながら竹生島に着いた【写-7・8】。

連れの女も一緒なので臣下は「この島は女人禁制ではないのか」と問うと、女は「竹生島」は女体の弁財天を祭っており、私はその弁財天だと申して御殿に入った。

しばらくして御殿が鳴動、弁財天が現れて舞楽を奏し、やがて湖上に日が昇ると龍神が現れ祝福し飛び去った。

これから、謡曲に従いながら物語の展開とその空間を見ていきたい。

［ワキ］

これは延喜の聖主に仕え奉る臣下なり、さても江州竹生の明神は霊神にて御座候ふ間、君に御暇を申し、ただいま竹生島に参詣仕り候。「逢坂の関」の山越近き志賀の里、鳰の浦にも着きにけり。

（訳…私は延喜の醍醐天皇にお仕えする臣下である。近江の国、竹生島の明神は霊験あらたかな神なので、天皇にお暇をいただき竹生島に参詣いたします。やがて「逢坂の関」を過ぎ、ほどなく志賀の里、琵琶湖のほとりに着いた。）

都から琵琶湖への道程は現在の中仙道と呼ばれる路で、琵琶湖を一望する峠は和歌でお馴染みの「逢坂の関」である。しかし、本庭では琵琶湖を一望する峠は東の唐門から西へ向かう途中で、ややこしい話だが、西から東へと向かう「能の物語」と実体空間が違うことになる。

逆に西から入れば東へ向かうことになり、庭園の西端にある涵徳亭で一献のもてなしの後、東に向かえば「逢坂の関」こそ無いものの琵琶湖に到着できる。船着きは「瀬田の唐橋」の脇にあり、使者は竹生島を目指して漕ぎ出すこととなる。

中仙道のコースが後に加わっても東西の違いだけであり、双方の矛盾はなくなる。

［地謡］

衆生、済度の誓ひ、天女の形を現じ有縁の衆生の請願を叶へ、または下界の龍神となって国土を鎮め、誓ひをあらわし、天女は宮中に入らせ給へ。龍神はすなわち湖水に飛行して、波を蹴立て水をかへして天地にむらがる。

（訳…衆生を済度する仏の誓願は天女の姿で現れ願いを叶える。あるいは龍神の姿で出現して国土を安全に治める。天女は社殿に入り龍神は湖水の上を飛び波を蹴立てて湖に飛び込んだ。）

【写-6】大泉水（琵琶湖）に浮かぶ蓬莱島（竹生島）

【写-7】能の舞、「竹生島」に小舟で向かう（「竹生島」宝生閑、横路朝陽、内田芳子 ©TOSHIRO MORITA。写真出典／the能ドットコム https://www.the-noh.com/jp/）

竹生島に上陸すると連れの女性が「この島に住み世の人々を守る弁財天は私だ」と宣い、春の日のもと「天の舞」を見せた。「ある時は天女になって衆生の願いを叶え、ある時は下界の龍神となって国土を鎮める」と誓った。やがて龍神が出現、天女と龍神は仏に誓願する姿だと述べ、弁財天は再び社殿に入り龍神は湖面を飛び歩いた後、天地一杯に広がり水中に飛び込んだ。

この能は理想世界である延喜帝時代[29]に神仏による国家守護を願った内容である。庭園との関連を見ると「竹生島」・「弁財天の祠」・「岩飛びの岩場」（徳大寺石）が現在でも残っている。江戸期に失った長橋を龍のメタファーと考えれば、物語を見事に造形化した空間といえる。

能の抑制から解き放たれた「竹生島」のダイナミックな世界が龍となり、謡曲の自由さを素直に表現した。この壮大な物語が後世、大泉水の流末に設けた「鳴門の渦」のアトラクションを生み出したともいえる。

4)西行桜

戸田　中世の歌人、西行[30]は武士であったがその後僧侶となり数々の和歌を残し、当時から人気は絶大であった。謡曲は西行の庵に咲く桜を巡っての物語で、絵図に描かれた枯木がそれを示唆している【図-4】。

西行は都の西山に浮世を厭い閑居していた。春には庵の桜が見事に花を咲かせ、これを知る男達が花見にやってくる。　西行は心ならずも客を招き入れ、その気持ちを歌に読んだ。

［主頭］

頃待ち得たる桜狩、山路の春に急がん。かやうに候ふ者は下京辺に住まひ仕る者にて候。昨日は東山「地主の桜」見仕りて候。今日はまた西山西行の庵室の花、盛りなるよし、花見の人々を伴ひ西行の庵室へと急ぎ候。

（訳…待ち望んでいた桜狩がやっと来た。山路の春を急いで訪ねよう。ここに現れました者は下京あたりに住んでいる者であります。昨日は東山清水寺境内・地主神社の桜を見て、今日は西行の庵室が花盛りと聞いたので、人々を連れて急いで行くところです。）

ざわざわと、まちの人々が西行庵に訪れたので、静かに暮らしていた西行は思わず自分の本音を歌で詠んでしまう。

【写-8】竹生島の姿（撮影／高良啓子）

【写-9】西行桜の舞
（「西行桜」高橋章　©TOSHIRO MORITA。写真出典／the能ドットコム https://www.the-noh.com/jp/）

［ワキ］

はるばる来り給ふ志、返す返すもやさしうこそ
候へさりながら、捨てて住む世の友とては、花
ひとりなる木のもとに、「花見んと群れつつ人
の来るのみぞ、あたら桜の咎にありける。」

（訳…はるばるとおいでになり、まことにおやさ
しいことであります。しかしながら世を捨てた
私の友はこの一本の桜、その木に花見客がおい
でになるのは少々心外で、次のような歌が浮か
んだ。「花見んと群れつつ人の来るのみぞ、あら
た桜の咎にありける。」）

　日も暮れ月影の桜下に夜を明かす西行の夢に、
桜の朽ちた空洞から白髪の老人（老桜の精）が現
れ、和歌に含まれる意味をもう少し詳しく尋ねた
【写-9】。西行も心を許してこれに答えると、老人
は和歌の内容が不審に感じられたことを西行に
語って舞い、夜明けと共に消えていった。

［シテ］

恐れながら御意こそ少し不審に候へとよ。憂き
世と見るも山と見るも、ただその人の心にあり。
非常無心の草木の花に憂き世の咎はあらじ。

（訳…そのお気持ちこそ少し疑問であります。憂
き世と見るのはその人の心次第である。無心の
草木である花は人間世界の憂き世とは無関係だ
から罪はあるまい。）

［地謡］

恥ずかしや老木の花も少なく枝朽ちて、あたら
桜の咎のなきよしを申し開く花の精にて候ふな
り。およそ心なき草木も花実の折は忘れめや草
木国土皆成仏の御法なるべし。

（訳…恥ずかしいことだ、老木で花も少なく枝も
枯れ朽ちて惨めな有様だが、「あたら桜の咎」と
詠まれる罪はない。その私は花の精である。お
よそ無心の草木でも花咲き実なる時は忘れてよ

かろうか。だから「草木国土悉皆成仏[31]」と経文
にあるように、仏法に逢って成仏できるのであ
ろう。）

野村　ここでは「老桜の精」の本質を西行にた
だし、さらに生きるもの全ての仏性を「草木国
土悉皆成仏」と示した。西行も一本やられた訳
で、このくだりこそ現代を生きる私たちの課題、
「人と自然」の共生に対する答えのひとつをもた
らせてくれた。そして、「老桜の精」は都の花の
名所を次々と挙げながら、その美しさをたたえ
た【写-10】。

　庭園では龍田川の先にある西行堂から「西行
桜」と「嵐山」の演目は始まる。そして、枝垂桜
を始めとした桜の景が続き、大堰川まで人々を
誘導してくれる。都の「花の名所」は最初に咲く
洛中の近衛邸の糸桜（枝垂桜）から始まり、大堰
川や渡月橋など西の洛外の名所が続いている
【写-11】。

　ちなみに、謡曲ならずとも近衛家の枝垂桜は
有名で、御所の北の邸跡に今も庭園が残るが、
その手前に数本の枝垂桜が後年植えられ、春を
盛りに咲き誇っている。

【写-10】「西行桜」を象徴する枝垂桜

【写-11】都の「花の名所」に重ねた枝垂桜

古のヨーロッパの「廃墟の庭」には大きな枯木を植えたそうだが、日本にもコンセプトこそ異なるものの同じ例があったことは驚きである。

実は小石川後楽園で澤田氏から聞いたのは「竹生島」だけで、もう一つの「西行桜」に気付いたのは、京都の風景が西も東もごちゃ混ぜになった庭園を不思議に思ったことが始まりだった。フィナーレが都の桜のシーンだと解り、後日澤田氏に大枯木との関連を聞いたところ同意はされたが、それほど重視されていなかった。

他のテーマについては絵図や細部の名称から読み込み、私がおそらくと思われる謡曲を当てたもので、作庭者の主張により表現の強弱が見えてくるのが面白い。

5）杜若（カキツバタ）

戸田　東国行脚に赴いた僧がようやく「三河の国[32)]」に着くと、杜若が今を盛りと咲いているのが見えた【図-6】。思わず「それにしても美しい」と感嘆の声をもらすと、沢にいた里の女が「ここは三河の国の八つ橋、伊勢物語に詠まれた杜若の名所」と話し、自分の庵に誘った。

その夜、女は輝くばかりの衣を着て現れ、「この衣は業平[33)]の歌に詠まれた『二条の后』、冠は業平が着けたもの、私は『杜若の精』である」と述べて舞った【写-12】。

ここは、在原業平と縁の深い土地で「伊勢物語」に使われた「八つ橋」の由来が女から語られた。

［シテ］

> 伊勢物語に曰く、ここを八橋といひけるは水行く川の蜘蛛手なれば橋を八つ渡せるなり。その沢に杜若のいと面白く咲き乱れたるを、ある人杜若といふ五文字を句の上に置きて、旅の心を詠めといひければ、「唐衣着つつ馴れにし妻しあれば、はるばる来ぬる旅をしぞ思ふ」これ在原の業平の、この杜若を詠みし歌なり。

（訳…ここを八橋というのは川が蜘蛛の手足のように八方に分かれ、橋を八つ渡してあるからだ。その沢に杜若が咲き乱れているのを見て、ある人が杜若の五つの文字を句の頭において、旅の気持ちを詠めと言った。そこで在原業平が「唐衣着つつ馴れにし妻しあれば、はるばる来ぬる旅をしぞ思ふ」と詠んだ。）

注：唐・着・妻・ば・旅の五文字で「かきつばた」を表現

［シテ］

> これこそ三河の国の八橋とて杜若の名所にて候へ。この杜若は名に負う花の名所なれば色もひとしほ濃紫の、なべての花のゆかりとも思ひなぞらへ給はずして、とりわき眺め給へかし。あら心なの旅人やな。

（訳…こhere こそ、三河の国の八つ橋という杜若の名所であります。ここの杜若の色はひときわ濃い紫で、常の花とは異なっている。ありふれた花の紫と思わないで特別にごらんなさい。ただ

【図-6】八つ橋と藤棚
（水戸藩小石川御屋敷御庭之図／明治大学博物館所蔵を拡大・加筆）

【写-12】杜若の舞
（「杜若」谷村一太郎　©TOSHIRO MORITA。写真出典／ the能ドットコム https://www.the-noh.com/jp/）

の杜若と思うようでは「風流の心」がない旅のお方ですね。）

この謡曲で謡われた「八つ橋」は庭園の北部の「菖蒲田」にあり、あまり目立たない場所にあるが、「菖蒲田」とカキツバタについてもう少し詳しく語ってみたい。

野村　愛知県三河地方の西瑞に位置する知立を中心とした一帯は湿地が点在し、僅かに残る湿地には今も、カキツバタが自生している。伊勢物語はわが国の歴史上、代表的プレイボーイとして知られた在原業平が主人公と思われる平安時代の短編歌物語である。

川を渡る「八つの橋」から地名をとった「八つ橋の杜若」はよく知られている。庭園において、板を綾に架け渡した「八つ橋」は、カキツバタを含む菖蒲田と「対の意匠」として存在している【写-13】。

板を何枚も重ねるスタイルが定着したのは尾形光琳などの絵画の力が大きく影響したことと思われる。「八つ」は沢山の意からとする由来だが、額面通り「八つ橋」とする解釈もあり、小堀遠州は仙洞御所の水生植物の花園に八つの異なる橋を架けた。

大名庭園には必ずしも「八つ橋」とセットではないが庭園の一隅に菖蒲田があり、深読みすれば徳川氏の出身地である三河が重なって見えてくる。一族及び親藩[34]にとっては初心を忘れない思いと郷愁だが、外様大名では幕府への媚びの表現でもある。将軍の御成が初夏であれば庭

園に咲き乱れたカキツバタのシーンは「謡曲の物語り」に重なり、とっておきのもてなしとなる【写-14】。

6）謡曲と一体になった小石川後楽園

野村　3つの「謡曲」で能の世界を語り日本庭園との関係性を探ってきた。これらを「能の庭園」と名付けたいが、能のストイックで抑制的な「舞」よりも、開放感のある「曲」（謡曲）に庭園の性格は近いようだ。

庭園が描く空間的な広がりに謡曲の自由な旋律が素直に対応し、曲・舞一体の「能」から舞を除いた「謡曲」を新たな手法として庭園に導入。すなわち、「謡曲庭園」と表現した方が据わりが良く、時代に溶け込みながら戯曲空間として庭園内に取り入れたと考えたい。

物語のシナリオを諳んじていれば映画のセットの中に立ち、主役になって幸せな時を過ごせる空間が庭だ。ほとんどの「謡曲庭園」の演目はひとつだが、小石川後楽園は多数のプログラムを庭園の各所に用意している。まさに、謡曲のテーマパークといっても過言ではない。

また、小石川後楽園と謡曲は一年を通じた四季のプログラムに重ねられている。冬については思い至らないが、春（竹生島・西行桜）、夏（杜若）、秋（紅葉狩）と整っている。中でも、春はいずれも満開の桜が目に浮かび、池に映る姿は小石川後楽園のベストシーズンである。元来、「西行桜」は桜に合わせた謡曲だが、それを忘れさせる程の花の素晴らしさが体験できる。

【写-13】「杜若」を「八つ橋」で表現

【写-14】菖蒲田

4. 旅の風景と小石川後楽園

戸田　次に「旅の物語」について話してみたい。庭園には「中仙道の旅」と「東海道の旅」の2つの旅路を用意しており、旅人になったつもりで廻遊すれば、その楽しさを満喫できる【図-7】。

そこには物語に添って演出された見所が満載の空間や、足元に工夫した小さな表現と出会える。ふたつの街道は著名であるが、なぜ「東海道」ではなく「中仙道」を主体として、園路を設けたのだろうか。そして「東海道」の旅路は少々中途半端に思えるのだが。

1）中仙道の旅
野村　「旅の物語」は当初から庭園のテーマとして取り入れられ、都から大津へ至り、竹生島詣

でをする「近江への旅路」だった。しかし、後に木曽路が追加され、江戸から京都へ至る「中仙道の旅路」に描き換えられた。

この旅路には江戸の人々が抱く京都への憧れもあったが、それ以上に京都から興入れした代々の奥方たちへのサービスでもあった。二度と見られない風景を懐かしむよう、京都を終点とした仮初めの「里帰り」を体験する趣向であった。意外と思われるが当時、女性に対するサービス精神は手厚く、懐かしい風景を庭園空間で表現する事例が他の庭園でも多く見られた。

小石川後楽園は現在、JR飯田橋駅側の涵徳亭の脇から入ることが多いが、これでは正式なシークエンスは体験できない。水道橋駅側の東門①から入るのが本来のルートで、最近こちら側の入口が再建され、中仙道のルートを辿るこ

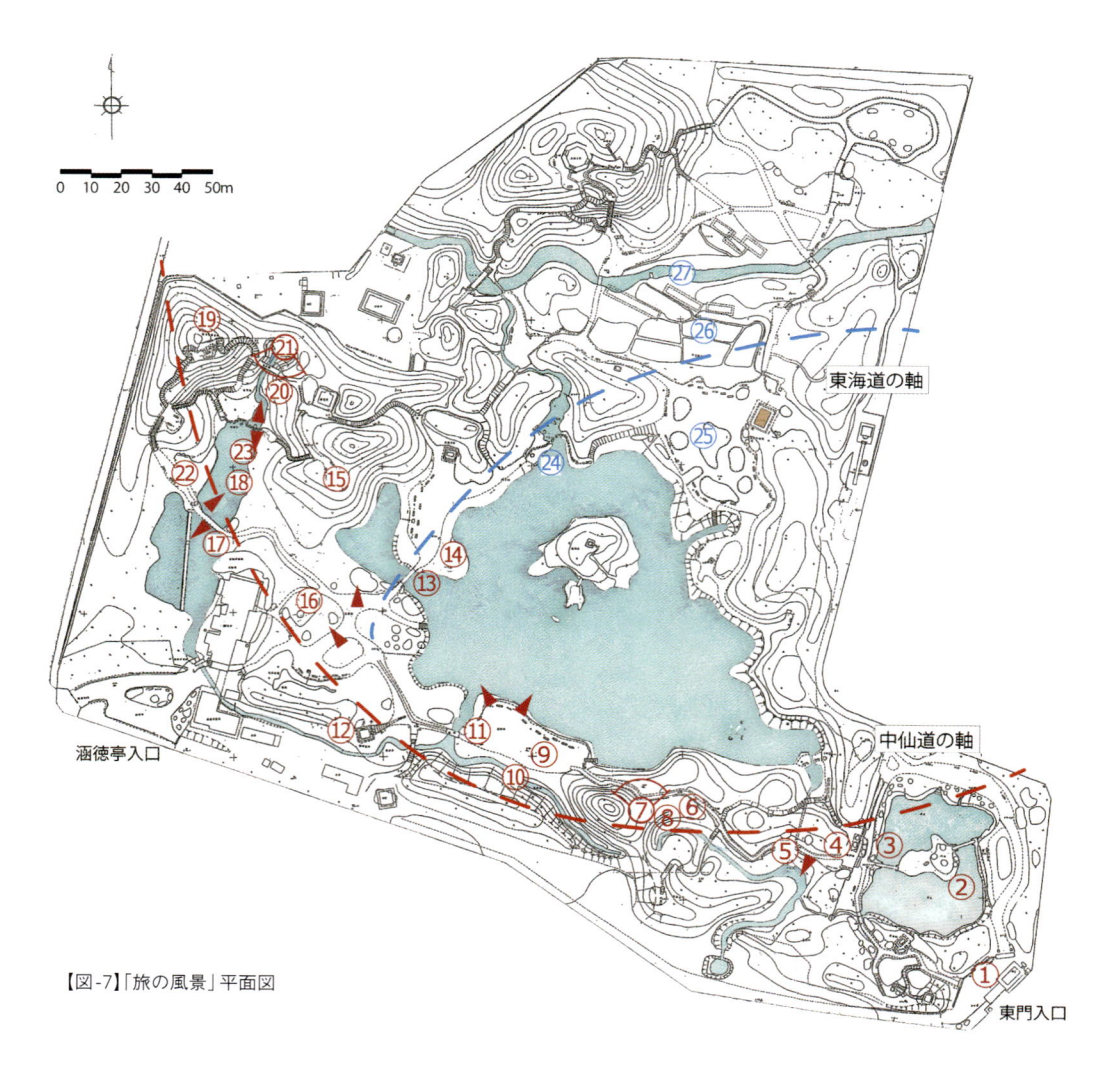

【図-7】「旅の風景」平面図

とができるようになった【写-15】。

(1)東門から入る前庭

　まず、東門から御殿の南庭だった前庭に入り池泉を見ながら進む②【写-16】。池の中島に石橋がかかる前庭は特筆すべき美しさを持ち、毅然としたモダンなデザインで構成されている。

　このデザインは岡山後楽園と共通しており、土木技術者による合理的な意匠が見られ、伝統的な庭園とは対照的なデザインである【写-17】。その結果として、主庭の美しさや趣きを引き立てる鮮やかな演出になった。

(2)木曽路の旅

　次に、唐門③【写-18】を通り本庭に入ると中仙道の木曽路に一気にワープ、周囲を囲む樹木が鬱蒼として薄暗い【写-19】。園路に明暗の変化を付けるのは廻遊式庭園の技法のひとつで、洞窟を潜って庭園に入る中国・江南地方の私家庭園と共通する。さらに、「暗から明」「閉から開」へと展開する露地の技法とも通じるものがある④。

　中仙道の築山は常緑樹の中に棕櫚が目立つが、当時は棕櫚一色の山だったようだ。これは桂離宮・外腰掛前の「蘇鉄の山」と同じ手法で、エキゾチック且つミスマッチの植栽である。これにより来訪者に軽いショックを与え、浮き世を忘れさせる演出と見ることができる。

　ここの園路は木曽路の石畳というより、中国風のエキゾチックな印象の強い石畳で、建築家の西澤文隆[35]は漢学的と表現、光圀以降の好みが入っていると考えられる。

【写-15】水道橋側にある東門①

【写-16】前庭の池と唐門②

【写-17】美しい護岸の線形と見事な石橋②

【写-18】中仙道入口の唐門③

【写-19】薄暗い木曽路④

しばらく歩くと左手奥から微かに水音がするので振り返る【写-20】。そこに一筋に落下する瀧⑤が見え、中仙道の名所、木曽にある「寝覚の床36)」から引用した「寝覚の瀧」であることが分かる。

「奥州三関」のひとつ、「勿来（なこそ）」には瀧がなかったが、京都の嵯峨院庭園（現・大沢池）に「名古曽の瀧37)」をつくった故事をあえて倣った演出とも思える。音で振り返らせる仕掛けはシークエンスの中にサウンドスケープを加えたもので、空間に奥行きと変化を与えている。

木曽路を細やかに曲がりながら、尾根と谷の薄暗い合間を峠に向かって少しずつ上っていく。

(3) 琵琶湖を俯瞰する

石畳の園路は暗がりの中を知らぬ間に高みへと導き、峠にある大石⑥が陽光に浮かぶ【写-21】。園路は峠の手前で右手に大きく踏み出すように仕掛け、その踏石に立って前方を見れば眼下に大泉水が広がり、一気に「暗から明」の世界が広がる【写-22】⑦。

戸田 この演出により庭園一番の秀景を驚きの中で体験、何度見ても素晴らしさは変わらない。この大泉水は琵琶湖の風景だと、誰もが納得するだろう。

細かなことだが階段を登り切る手前の踏石をよく見ると、石に白い筋が入っておりハッとさ

せられる【写-23】⑧。この踏石はこれから広がる大泉水のイメージを足元の石で暗示しており心遣いが細やかだ。

野村 この大泉水との出会いは中仙道を行く旅人が、長い山路を過ぎた後に体験する感動的なシーンといえよう。今でこそ竹生島は池の東端の岩島になってしまったが、本来は中央の蓬萊島が竹生島で、弁財天を祀っていることはすでに述べた。

謡曲「竹生島」に連なる大泉水の風景を観賞しながら下って行くと、紅葉林⑨に吸い込まれる【写-24】。紅葉林脇の渓谷は紅葉の名所の龍田川38)⑩と称され、謡曲「紅葉狩」の世界が重なるが、当初は「竹生島」の釣舟が停泊するような芦の生える鄙びた水辺だったようだ【写-25】。

(4) 都への入口

龍田川の帛橋39)【写-26】⑪を渡るとその先の小高い丘に西行堂跡が見え【写-27】⑫、ここからは謡曲「西行桜」に因んだ「枝垂桜」などの名景が続く。西行堂跡を抜けると右手には近江八景の「瀬田の唐橋40)」【写-28】⑬の石橋や、「唐崎の松41)」【写-29】⑭に見立てた「一の松」の風景が展開、それを右手に見ながら庭園西部、つまり京都に向かって進んでいく。

前方に見えるオカメザサで覆われた「小廬山」は、本来は比叡山として築かれた。頂部を2段

【コラム-4. 中仙道と東海道の風景表現】

小石川後楽園の古図を見る限り、大泉水は琵琶湖、西端は都の洛中洛外と理解できるが、今ほど明解に中仙道、東海道が描かれていない。特に東海道は断片的に「三保の松原、松原、八つ橋」などが点在して東海道を印象づける景色が見られる程度である。現在、見所のひとつ「白糸の瀧」はこの時点では描かれていない。

当初は「竹生島」「西行桜」など「謡曲庭園」が先行した。その後、江戸中期以降は御殿のある江戸

と京都を東西に設定し、ふたつの街道で結ぶ構成にしたようだ。

表街道は意外にも中仙道で大泉水の南側を通り、東海道は帰り道で北側を通る。中仙道をメインとするのは藩主の思いやりで、水戸徳川家の10代続く藩主正妻の6人が京都の公家から興入れしており、東下りは川止めのない中仙道と決まっていた。里帰りは懐かしい興入れの中仙道という心配りには泣かされる。

海のように広がる大泉水は琵

琶湖の見立てで、上方に向かう道の北側に見せる構成は現実に沿う。

一方、東海道の東下りの大泉水は南に広がる遠州灘、駿河湾の太平洋の設定となりロケーションを一致させるなど、こだわりが垣間見える。

小石川後楽園のように、ロケーションを踏まえた空間設定は歩く旅には必須で、違和感なく庭の世界に溶け込むことができる。

【写-20】寝覚の瀧 ⑤

【写-21】頂上部の大石 ⑥

【写-22】大泉水の風景 ⑦

【写-23】白筋の踏石 ⑧

【写-24】紅葉林 ⑨

【写-25】龍田川 ⑩

【写-26】帛橋 ⑪

【写-27】西行堂跡 ⑫

としたのは草津や大津のあたりからの眺めをよく写しており、いよいよ京都に近くなった印象で心も弾んでくる【写-30】⑮。そして、物語は一気に京都の風景となり都の花巡りの大団円のシーンが続く。

(5)都の名所巡り

　「まづ初花を急ぐなる、近衛殿の糸桜」と謡われ、都で最初に咲く近衛家の桜により春は始まるとされている。「小廬山」の手前には昭和時代に枝垂桜が植えられている【写-31】⑯。枝垂桜の間をさらに進むと渡月橋⁴²⁾があり【写-32】⑰、

そこから「西行桜」のフィナーレに登場する京都の名所、「大堰川⁴³⁾」【写-33】⑱・「地主の桜」にちなむ「東山の清水観音堂跡」【写-34】⑲・「清水寺の音羽の瀧⁴⁴⁾」【写-35】⑳など東西の洛外にある花の名所が展開し、目を楽しませてくれる。

　春一色の名所巡りに対して、あえて加えたのは洛内外一の紅葉の名所「東福寺の通天橋⁴⁵⁾」㉑【写-36】。本邦一と古今集にも登場する大和・龍田川の紅葉と合わせた「秋」のテーマは、メインテーマの「春」に対するバランスを考慮したのであろう。

【写-28】瀬田の唐橋 ⑬

【写-29】唐崎の松 ⑭

【写-30】小廬山（比叡山）⑮

【写-31】枝垂桜 ⑯

【写-32】渡月橋 ⑰

【写-33】大堰川 ⑱

　また、大堰川に打たれた沢飛石は京風で端正な情緒を備えており、そこから「音羽の瀧」の絶景が見られる。手前の洲浜に高さ2mは越える「屏風岩[46]」が3石並ぶが、いささか唐突感は否めない【写-37】[22]。

　しかし、山上に清水観音堂が再現された時の遠近感のバランスからすれば、「音羽の瀧」・「通天橋」・「清水観音堂」と並ぶ遠景の重さに対して、近景でバランスを取る文鎮的な配置であるとも解釈できる。

　将軍家光がこの河原で腰を掛けて庭を眺めながら指示を出したという逸話も残っており、家光は庭園が好きなだけでなく作庭のディレクターでもあったようだ。

　もう一度、沢渡りから上流を見ると迫力のある石組が迫り、さらに進むと瀧石組が徐々に見えてくる。このような展開はまるで映画の移動シーンを見るようでワクワクする。

　反対に沢渡りの下流側を見ると逆光となり、大堰川の自然な風景が満喫できるようになっている【写-38】[23]。ここはどこかで見たような景色だと記憶をたどると、京都・無鄰菴庭園[47]の奥部からの「見返りの景[48]」と一致、無鄰菴庭園は小石川後楽園の「本歌取り[49]」であることは明らかだ。

【写-38】見返した大堰川の風景 [23]

【写-34】清水観音堂跡 [19]

【写-35】清水寺の「音羽の瀧」と東福寺の「通天橋」 [20]

【写-36】大堰川から東福寺の「通天橋」を見る [21]

【写-37】屏風岩 [22]

清水観音堂は焼失したが復元の計画もあり楽しみだし、通天橋からの見晴らしも素晴らしい。歴代藩主の正妻は京都の公家からの興入れが多く、庭園でみられる地名だけでも郷愁を誘ったと思われる。ちなみに、二代光圀の正妻は糸桜の近衛家の娘であった【表-3】。

2）東海道の旅

時が下ると「中仙道の旅」とのバランスから「東海道の旅」をつくったのではないかと考えられる【表-4】。以前からあった「八つ橋」と「松原」に「白糸の瀧」を加え、大泉水の北側を充実させて庭園の楽しみを増した。「中仙道の旅」では比叡山に見立てた小廬山【写-30】⑮を富士山に見立て、「瀬田の唐橋」辺りからスタートさせた旅であった【写-28】⑬。

富士山を左方に見ながら進むと丸屋があり、その先を進むと「白糸の瀧」が見えてくる【写

中仙道のシークエンス		
導入部（木曽）	暗・山路	木曽路、寝覚の瀧
主要部（近江）	明・大水面	琵琶湖、竹生島、瀬田の唐橋、一の松（唐崎の松）、小廬山（比叡山）
奥部（京都）	明・花見、都	枝垂桜、渡月橋、大堰川、清水観音堂
	暗・渓谷、川	西行堂、音羽の瀧、通天橋

【表-3】中仙道のシークエンス

東海道のシークエンス		
全体（駿河・三河）	明・街道	駿河の松林、田園、藤棚、八つ橋（三河）
	暗・瀧	白糸の瀧

【表-4】東海道のシークエンス

【写-39】白糸の瀧㉔

【写-40】海岸の松原㉕

【写-41】八つ橋㉖

【写-42】田園㉗

-39】㉔。この辺りはきめ細かな庭園づくりで、
洲浜の表現や飛石の打ち方は技巧的で素晴ら
しい。瀧は流れから少し奥まった所にあり、樹
木に覆われて薄暗く、繊細な落水を美しく見せ
ている。瀧は飛石の視点場から程良い距離にあ
り、周辺の石組も豪快で、水音も豊かに響き心
地よい見せ場になっている。

それに続く海岸の松原は等身大のスケール
で、そこに身を置けば当時の風景が想い出せる
ようだ【写-40】㉕。また、当初の絵図にも描か
れた「八つ橋」も農村風景のランドスケープとし
て健在である【写-41,42】㉖㉗。

これら「旅の物語」のデザインは見た対象を
咀嚼し、いかに理想的な風景に昇華させるかに
ある。これは、ある種の知的ゲームとも似てお
り、絵画的鑑賞を立体的に表現することで、楽
しみを膨らませているのだ。

5. 中国への憧憬と小石川後楽園

1) 水戸光圀と儒教

戸田　水戸光圀が明の儒学者「朱舜水」を招い
て学んだことは既に述べた。庭園には得仁堂50)
【写-43】、八掛堂【写-44】と命名した堂を建て
るとともに、西湖堤【写-45】、円月橋【写-46】、
小廬山【写-47】などを入れることで中国の風景
を持ち込んでいる【図-8】。日本庭園に中国の風
景を入れることは新しい試みではないかと思う
のだが。

【写-43】得仁堂

【写-44】八掛堂跡

【写-45】西湖提を涵徳亭から見る

【写-46】円月橋

【写-47】小廬山

野村 小石川後楽園とほぼ同時代の名古屋城の二之丸庭園には建物と庭園をセットにした、ほぼ完璧な中国庭園がつくられた。ここには小石川後楽園の八掛堂に先駆けた中国風の八角形の「金声玉振閣[51]」があったことが知られている。

この頃の中国文化の伝導者は儒学者で、豊臣秀吉、徳川家康に儒学を講じ、秀吉にも中国への憧れを抱かせた。門下の石田三成を筆頭に秀吉側近の武将を始め、徳川の時代では林羅山[52]、堀杏庵[53]、石川丈山[54]、角倉素庵[55]らの儒学者が名を連ねる。

この面々は単なる儒学者ではなく、石川丈山は自邸の詩仙堂、東本願寺渉成園、一休寺こと酬恩庵の庭園をつくったとされ、さらに堀杏庵と角倉素庵は名古屋城の二之丸庭園に関わったと思われる。

2)朱舜水の庭園づくり

明の崩壊により日本に来た朱舜水は単なるイメージの中国ではなく、リアルな風景と技術を持ち込んだ。西湖堤は小さく見えるが、西湖を湖畔の雷峰塔[56]から見下ろした風景と、小石川

後楽園の涵徳亭からの眺めは良く似ている【写-45】。

特筆すべきは円月橋で、当時アーチ橋の技術は日本にはなく、これと同様の橋を日本人だけでつくろうとしたが、無理であったという記録も残っている。さらに、築山の「都の富士[57]」(比叡山)を「小廬山」と改名して中国見立てのランドマークとした。そして、光圀は人の道を極めるために学問に取り組み、儒学を信奉した成果を得仁堂、八掛堂として設置した。

興味深いのは八掛堂で、石組をさりげなくあしらい建築を引き立てるのは中国園林で見る手法だ。また、御堂の聖域内の往来はすべて切石の飛石としているのは桂離宮の園林堂と同じで、日本と中国、江戸と京都で同じことを考え空間化していることを知るのは楽しいことである。いずれにしても儒教を通してもたらされた中国の文化が光圀時代の庭園に色濃く影響しているのが理解できる。

一般には気付かれていないのが蓮池である。これは中国では子孫繁栄の象徴の植栽で、小石川後楽園では小廬山の下の「入り江」につくられており、朱舜水のアドバイスかと思われる【写-48】。蓮池は後につくられた岡山・後楽園にもあり、池畔の巨大な陰陽石なども含め中国色がこんな所に垣間見える。

小石川後楽園の蓮池の入口に掛かる「瀬田の唐橋」は、大泉水から見る橋添石に陰陽石を用いている【写-28】。同じ意匠は栗林園でも見られ、藩主のみならず庭にも、兄弟のような関係であることが分かる。

【図-8】「中国文化への憧景」平面図

【写-48】小廬山の下にある蓮池

おわりに

戸田 現在の日本にも規模の大きい日本庭園はつくられているが、謡曲を始めとしたテーマなどを扱った、物語性豊かな庭園にはあまり出会えない。

その背景には江戸時代まで続いた仏教をベースとした日本文化が明治維新により解体され、新しい文化が急激に流入したことが大きい。そのため、明治以降の日本庭園は植治を代表とする、「無鄰菴」などの自然式庭園が一般的に好まれるようになった。特に国営公園などの公共事業では思想性、宗教性の表現は避けられ、必然的に自然性、地域性を打ち出す作品が多くなった。

今回、読み解いた小石川後楽園はいくつものテーマを重ねているので、鑑賞者の知識量によって様々な物語が引き出せる仕組みになっている。そこは、言語の世界だけではなく、リアルな空間や施設に包まれており、鑑賞者は豊かな知的刺激に囲まれていることに気付くはずである。

さらに、小石川後楽園のテーマのひとつ、「能の世界」から紐解いた「謡曲庭園」が持つ魅力は、脳内で楽しむ古典世界の体験と言って良いだろう。仮に鑑賞者がその内容を知らなくても、解説者がいれば新しい庭園の世界は広がり、庭園と人とのコミュニケーションも多様化してくるはずだ。

日本庭園の基層に存在する日本文化の豊かさを、もっと知りたいのは私だけではないはずである。今日、文字を多用したコンセプトは完成すれば利用者には無縁となり、御用済みとなるケースもあるようだ。本来、コンセプトは作品となった後々まで、語り継がれるべきものでありたい。

今回学んだ「謡曲庭園」をヒントにして、テーマ性を持った文化的価値の高い日本庭園づくりが、これからの目標ではないだろうか。

【コラム-5. 渉成園と能の世界】

東本願寺渉成園[2]を約50年前に実測した。その時の印象では広い庭園だが中島の樹木は伸び放題でパッとせず、荒れていると勝手に判断して測量の邪魔になる枝を大量に切り、寺からこっぴどく叱られた記憶がある。

庭園は永らく平安初頭の貴族、源 融[3]の六条河原院跡地と考えられており、私の師である重森三玲はそれを信じ、庭園の痕跡を調査するための実測でもあった。残念ながら邸宅は1ブロック北に位置しており、後年の発掘調査でそれが確定している。

現在、庭園の作者と伝えられている石川丈山は江戸初期の文人で、文人趣味にあふれた庭園を整備し、園内に煎茶の三点式の茶屋[4]を配し、今もそれは残っている。文人趣味の庭園を簡潔にいえば、「中国趣味の自然主義」、今までの庭園に比較して「野放しの庭」の意味であることを後に知った。丈山もこの地を六条院跡と信じており、庭園には謡曲の「融」の片隣が随所に見出される。

物語は東国から都に入った僧が六条河原院跡を訪れ、月夜に源融の亡霊と出会う内容である。庭園のロケーションは謡曲の河原院と全く重なるもので、今の庭園においてもそれは感じられる。謡曲に因む「積雪の燈籠」に始まる庭園の展開は、まるで劇中に入り込んでいるような体験を鑑賞者にもたらす。

中島の高台に建つ飯店「縮遠亭」の名は謡曲に掛けたもので、ここからは園外の眺望が楽しめる。取り分けユニークな存在が楼閣の「傍花閣」で、建物のフォルムは潮を汲む源融の姿をモチーフにしており、今風にいえば「江戸時代版、原寸大ガンダム」と言ってもオーバーでなく、そのデザイン力には脱帽する。人物形態建築としては伊賀上野の俳聖堂(芭蕉堂)[5]と双璧といえる。

庭園鑑賞は単に考古学的に古を忍ぶのではなく、文学や芸能を通してこそ楽しみは倍増する。6m四方の能舞台から庭園に飛び出した「謡曲庭園」は、制御された動きから解放され魅力を増して、当代一のエンターテイメントとして人々を楽しませた。

渉成園は謡曲が描く能の醍醐味を遺憾なく発揮している庭園である。

第4章

小堀遠州の生涯と作品
〜綺麗さびを巡って〜

はじめに

　日本庭園の歴史の中で作庭家の名前を上げるとしたら、夢窓国師と小堀遠州が双璧だろう。両者とも庭園のみならず思想、宗教、芸術などの領域を含んだ文化のあり方に大きな功績を残したからだ。決して庭園だけをつくり続けた人ではなかった。

　ここでは戦国時代が終わり、桃山時代を経て徳川時代の初期、主として寛永年間に活躍し、今も庭園の世界に強い影響力を残している小堀遠州の作品を通して、その人生や芸術観を考えてみたい。

　遠州が表現した美学、「綺麗さび1)」は建築や茶道など周辺領域の芸術家を巻き込み数々の作品を生み出している。現代風にいえばブランディング2)による庭園イメージの創出であり、社会への影響は小さくなかった。

1. 小堀遠州に対するリスペクト

戸田　ランドスケープアーキテクトにとって小堀遠州は大きな目標であり、私たちのデザイン活動の基層に遠州の美意識を重ね合わせることがままある。遠州の関わった庭園に接すると空間や施設や人の動きなどに、400年前の遠州の息づかいが重なって見えるのはなぜだろう。

　遠州の美学は一般にいわれる「綺麗さび」の一言では片付けられないほど、多様で深い世界に私たちを誘導してくれる。ここでは遠州の人生を旅になぞらえ、その作品を通じて足跡を辿ってみたい。

野村　日本のランドスケープデザインの源泉のひとつに小堀遠州があり、その泉は汲んでも汲み尽くせないほど豊かであると思っている。私の師である重森三玲も影響を強く受け、グラフィックな表現を用いてモダンな茶室をつくる

仙洞御所の出島と岩山は遠州らしい静と動を対比させるデザイン

など、遠州を敬愛しつつライバル視しているようにも思われた。

　遠州の庭園の維持管理に永らく携わった人物が語る遠州評は、「遠州は石組が意外に下手」という【写-1】。確かに、仙洞御所の出島背後の岩山や、最後の作品である孤篷庵の石組に一般の見方からすればやや物足りなさを感じる。

　これは遠州の石組は山水画的な構図の迫力と比べ些かに物足りないことを指摘していると思われる。しかし、これが遠州たる所以で、古典的な構図をつくるよりも、庭園のコンセプトや空間構成に重きを置いた庭づくりをしていたからで、遠州が求めた視点と見る側の視点が異なっていたからである。

　現場の作業を細かく見られなかった遠州は、庭園の基本的なコンセプトを伝えて大きな構成を示し、細部は口頭と図面で配下の奉行に指示。石組などはお抱えの賢庭のような秀れた技術者に任せたと思われる。

　今でいえば、遠州は国家プロジェクトの建築担当所長の立場に加え、他にレギュラーの自治関連の公務を抱え、庭園に滞在して指導する時間はなかったはずだ。

　しかし、数ある遠州の庭園において孤篷庵だけは別枠の私事であった。遠州は官僚として公の仕事で活躍した後に、人生を省みながら自分らしさを素直に出してつくった「終の棲家」が孤篷庵であった。だから、庭園の石組も建前や主張から遠く離れ、肩の力を抜いた本音の空間として生まれたものといえる。

【写-1】孤篷庵／さり気ない岬の石組

戸田　私は今の話しを聞きながら、音楽の世界を想い出していた。マーラーやブルックナーの最後の交響曲は天国に昇っていくように静謐な楽曲が進行、まさに人生の締めくくりとでもいう響きに包まれた音楽に私に感じられた。壮年期における表現の爆発とは違う別世界の音楽を紡ぎ出して生涯を静かに閉じている。

　それでは、遠州の初期の作品から孤篷庵に至るまでの軌跡を辿りながら、「遠州の美」に触れていきたい。

2. 小堀遠州の生涯

1）遠州の生い立ち

戸田　天正7（1579）年、織田信長が安土城天守閣を完成した年に、小堀遠州は羽柴秀吉の城下町長浜で生まれた。後年の活躍を考えれば、この生い立ちは何かを「持っている人」の必然が感じられるもので、幼少からのエピソードを交えて語っていきたい。

野村　まず、父親のことから語り始めなければならない。父の小堀正次新介は浅井家の家臣であったが、浅井家滅亡後は羽柴秀吉に仕官し、秀吉の弟である秀長の重臣として仕え、後に秀吉の直臣となる。

　「関ヶ原の戦い」の前段となる会津征伐以降は徳川家に仕え、武人としてではなく中枢の技術官僚として見事に時代を生き抜いた。その才能は作事、すなわち建築方面に発揮され、息子遠州の名である「作介」にも、父の想いが垣間見える。

　遠州の最もよく知られているエピソードは10歳の時、大和郡山城を訪ねた関白秀吉に弟である秀長が点てた茶を運んだことである。前日、指南役の利休に指導を受けたが、その時の利休との年齢差は56歳、この3年後に利休は亡くなっている。

　この天の悪戯のような奇跡的な出会いも、父が秀長の重臣ゆえで、本格的な茶の湯の世界へのデビューも父の導きによるものであった。そ

の後、15歳で古田織部[3]の門下に入るのも父の縁があればこそで、父の想いは己の仕事を継承させる英才教育といえるものだった。

2）遠州の活動が始まる

戸田 父：新介は慶長8（1603）年、江戸出府途次の藤沢において69歳で客死。この時25歳だった嫡子の作介は父の遺領12,000余石を襲ぎ、天領であった備中高梁の松山城の守護に任命された。そして、国務を司ると共に作事奉行として、国家プロジェクトの建築業務に携わることとなる。

野村 慶長13（1608）年、作介は駿府城作事奉行を仰せつかり、その功績により従五位下遠江守に任命され、それ以降から「遠州」と呼ばれるようになった。元和2（1616）年に徳川家康が死去し、二代将軍秀忠の時代になると遠州の役職はさらに重くなっていった。

慶長17（1612）年には名古屋城天守閣作事奉行に就任。作事とは建築業務に携わる幕府の役職であり、プロジェクト毎に任命され、翌年には禁裏御所作事奉行のひとりにも加えられた。ちなみに、土木業務を主に携わる役職は普請奉行であった。

幕府の官僚である遠州の仕事は原則として「公儀」、これに準ずる「準公儀」に限定され、「私事」の仕事は憚らねばならない立場であった。そして、数多くの築城、建築、造園の仕事に携わり、その多く失われはしたが、わずかに庭園に名残を留めている【写-2,3,4,5】【表-1】。

元和9（1623）年45歳の時、徳川幕藩体制下の要職である伏見奉行に就任してからは、生涯にわたり務め、通常は伏見の役宅に居住し、イレギュラーの作事を兼務した。

戸田 多くの人との出会いにより遠州の人となりが形成されてきたことが年譜から理解できた。なかでも岳父の藤堂高虎[4]との関係や、茶の師匠であった古田織部との関わりが、遠州の生涯に大きく影響したと思われる。

野村 藤堂高虎は浅井長政の家来であり、父新

【写-2】二条城二之丸庭園／行幸御殿からの眺め

【写-3】仙洞御所庭園／奥に見える洲浜が遠州の中島

【写-4】金地院鶴亀庭園

【写-5】孤篷庵／「忘筌」の庭

介の同僚であった。後に新介と同様、豊臣秀長から秀吉へ仕え、「大阪の陣」以降は徳川将軍の三代にわたって仕えた。

　藤堂高虎は黒田官兵衛[5]、加藤清正[6]と並ぶ「築城三名人」のひとりで多くの築城の縄張りをした。層塔式天守[7]や高石垣上に多聞櫓を巡ら

した築城の巧みさでは第一人者と目されていた。

　また、外様大名でありながら徳川家康の側近として活躍した異能の武将で、後に伊勢津藩の初代藩主となった。この高虎の養女、栄光院を遠州は娶り、高虎は岳父として遠州の強力な後ろ盾となった。

立場	庭園名
公儀	江戸城西之丸新山里の作庭指導 二条城二之丸庭園改修 仙洞御所庭園
準公儀	南禅寺方丈庭園 金地院方丈(鶴亀)庭園
私事	大徳寺龍光院密庵席 大徳寺方丈庭園 孤篷庵庭園

【表-1】小堀遠州の活動領域

【写-6】孤篷庵／山雲床「布泉の手水鉢」

元号	西暦	年齢	
元正 7年	1579	1歳	近江国坂田郡小堀村(現:滋賀県長浜市)に生まれる
元正16年	1588	10歳	作介(後の遠州)郡山城にて利休の指導で秀吉への茶の給仕を務める
元正19年	1591	13歳	(千利休、秀吉の命により切腹)
慶長 2年	1597	19歳	作介、藤堂和泉守高虎の養女を娶る
慶長 5年	1600	22歳	(父新介、家康方として関ヶ原に出陣、備中・松山城の守護に任命)
慶長 8年	1603	25歳	新介、江戸出府途次、相州藤沢にて急逝69歳、作介父の家督を継ぐ
慶長13年	1608	30歳	作介、駿府城作事奉行に任命 駿府城完成の功により従五位下遠江守に任命。以降、人々は遠州と呼ぶ
慶長17年	1612	34歳	名古屋城天守閣作事奉行、禁裏作事奉行に任命
元和 3年	1617	39歳	伏見城本丸書院の普請に参加
元和 5年	1619	41歳	備中国の領地を近江国浅井群小室(現:長浜市東部)に移封
元和 6年	1620	42歳	(この頃、八条宮智仁親王、桂離宮造営に着手)
元和 9年	1623	45歳	伏見奉行に任命(家光、3代将軍となる)
寛永元年	1624	46歳	二条城二之丸行幸御殿普請の作事奉行に任命
寛永 6年	1629	51歳	南禅寺作庭を依頼される。江戸城西之丸新里山の作庭指導
寛永 9年	1632	54歳	金地院庭園完成、連日伏見奉行屋敷で茶会を催す
寛永10年	1633	55歳	仙洞・女院御庭泉水の奉行に任命
寛永19年	1642	64歳	新院(明正院)御所造営の奉行に任命 家光、品川東海寺の茶亭の御成、中島の石を遠州が「万年石」と命名、御意にかない着用の羽織を賜る
寛永20年	1643	65歳	大徳寺龍光院より現在の地に孤篷庵を移す
天保 2年	1645	67歳	遠州江戸より暇を賜るとき、将軍手づから茶入立花丸壺を賜る
天保 4年	1647	69歳	松屋久重、金森宗和、成身院らが見舞いに訪れる 2月6日、伏見屋敷において遠州死去69歳、大有、宗甫、孤篷庵と号す 後に孤篷庵に葬る

【表-2】小堀遠州 略年譜

10歳の時、遠州が利休と出会ったことはすでに述べたが、15歳の時に父の縁により古田織部に入門、それ以来師の下で茶の湯を本格的に取り組むようになった【表-2】。

19歳の頃、伏見六地蔵自邸露地に工夫を凝らした洞水門[8]をつくり、師匠古田織部を驚かせたという記録も残っている。今でいう「水琴窟」の原型と考えられ、長じて遠州は庭園に技術的な創意工夫を施し、後に噴水の原理を応用してサイフォン式の「布泉の手水鉢[9]」を孤篷庵に据えている【写-6】。

3. 利休、織部と遠州を巡って

1) 利休、織部、遠州の「真・行・草」

戸田　遠州の創意工夫に満ちた新しい試みは後の庭園デザインに大きな影響を及ぼした。私はそれを「日本庭園のルネサンス」と呼びたい。

```
千 利 休 …「精神性の高い茶」– 草
           わび、さび（抑制と不完全の美）
古田織部 …「芸術性の高い茶」– 行
           ばさら、ひょうげ（誇張と型破りの美）
小堀遠州 …「客観性・普遍性の高い茶」– 真
           綺麗さび（均整・洗練・装飾の美）
```

【表-3】 千利休、古田織部、小堀遠州の美意識

ここでは、利休、織部など遠州に繋がる茶人の美意識を整理しながら、遠州の立ち位置を歴史、文化、美学の世界を通して見ていきたい。

野村　茶の湯の「真・行・草」は書に倣うもので、楷書に対する草書の崩しや簡略の関係を受け止めたものである。茶の湯では「真」の格式に対し、「草」は格式からの脱皮である。「真」の完全が人工的であるのに対し「草」は不完全でも、あるがままの自然や無作為の中から美を見出すもので、遊び心と共に美への求道心を合わせ持つ。

侘茶を完成させた利休には究極の「草」があり、その門下である織部は武家茶[10]を標榜しつつも、その姿勢は利休と同じ求道者だった。

これらの先人に対して遠州の姿勢は違っていた。遠州は官僚の子として父の拓いた道を確かな足取りで歩むエリートで、乱世を生き抜いた父同様にバランス感覚は抜群であり続けた。三者の美意識を比較してみると、以下のような相違が見えてくる【表-3】。

```
中 国 風 …隷書体、直線、隅違い、帝艦図、
           文人画、岩山
王 朝 風 …定家流書体、寝殿造りの踏襲
           （渡廊と釣殿、遣水）
```

【表-4】 遠州の真

【コラム-1. 日本三大銘菓】

　一般に日本の銘菓処は茶処と重なり京都、金沢、松江だが、三大銘菓としては京都がはずれ、地方の銘菓が選ばれている。金沢市「森八・長生殿[1]」、松江市「風流堂・山川[2]」、長岡市「大和屋・越乃雪[3]」、共に和三盆が売りの干菓子で、各々微妙に異なるが和菓子の落雁である。

　銘菓の始まりは江戸初期で「長生殿」が最も古く、他は江戸末期で共に藩主との関わりが深かった。銘菓は参勤交代の折に持参した将軍への贈答品であり、その菓子のランキングが三大銘菓であった。幕府支配下にあった京都に無いのも頷ける。

　なかでも「長生殿」は小堀遠州が命名した菓子で、書体も遠州が好んだ中国古代の隷書を使い、自ら筆をとったといわれている。「長生殿」の名は白居易「長恨歌[4]」で玄宗と楊貴妃が七夕に愛を語り合った長安の宮殿を指している。

　一方、小堀遠州が庭園のモチーフとして好んだ謡曲「鶴亀」のフィナーレは玄宗が「長生殿」に戻る場面で終わっている。遠州が想い描く「長生殿」のイメージは愛よりも長寿・祝賀に重心があったようだ。

　ちなみに遠州は幕府以外のプロジェクトは無いはずだが、前田家には甥や娘婿が仕えており、実際には輩下の「賢庭」を使わしてその依頼に応えている。三代藩主、前田利常肝煎の「長生殿」は、そんな前田家との縁を今に伝える証しの菓子である。

利休や織部がアーティストであったのに対し、遠州にそのこだわりはなく、変幻自在のコーディネーター、若しくはデザイナーであった。

取り分け遠州は「真」の世界を司る天皇、将軍が使うべき空間を終生追い求めた。遠州は「真」となる空間の答えを王朝風（平安古典）と中国風（中国古典）に求め、これを物語るものが「書の世界」であった。遠州は定家流[11]の書の名手であると共に、扁額（へんがく）などに書かれた中国古代の隷書体（れいしょ）[12]を好み、正に日本と中国の書を借りて、自らの美意識を表現していたといえる【表-4】。

【写-7】南禅寺の庫裏側からは残山剰水の山水画に見える

【写-8】二条城二之丸庭園／中宮御殿跡の直線的護岸

【写-9】金地院庭園の礼拝石と鶴石組

2）遠州の世界「綺麗さび」

戸田　遠州の美意識を一言で表現すると、表にある「綺麗さび」がよく知られている。現代の私たちもデザインボキャブラリーとして使っており、これからその美を探求してみたい【表-5】。

野村　「綺麗さび」は"綺麗"（真）と"さび"（草）から構成されており、明らかに矛盾する言葉であるが、それこそが遠州の真骨頂といえる。矛盾する相方が同居する美こそ遠州の目的であった。とりわけ「真」で表現したデザインにその美意識が見え、直線構成が多くあるのに優雅に感じるのが遠州庭園の特徴である。

以下にその例を書き出してみた。

● 南禅寺方丈庭園の直線的配列の石組【写-7】
● 二条城や仙洞御所の切石による直線的護岸【写-8】
● 金地院庭園の半加工の矩形の礼拝石と、水平に横たわる鶴首石【写-9】
● 孤篷庵庭園の短冊状の切石を混ぜた延段や直線に打たれた飛石【写-10】

【写-10】孤篷庵／導入路の延段

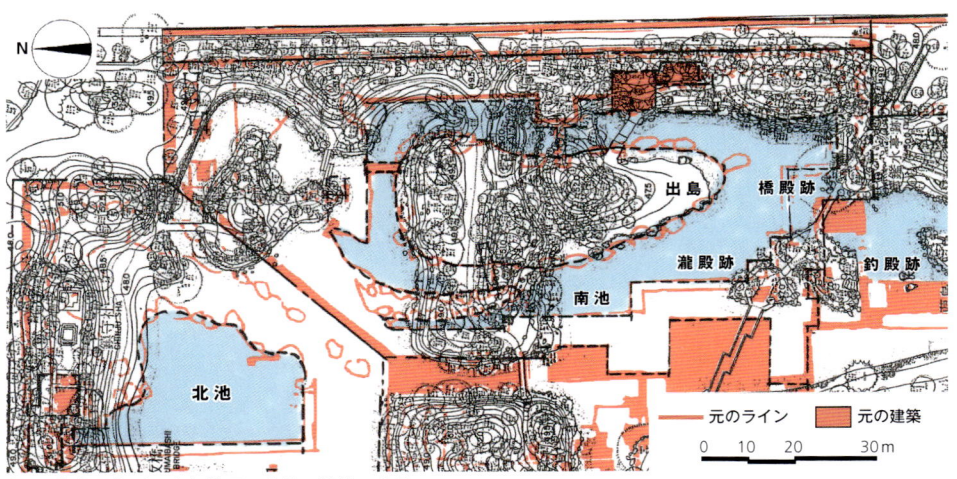

【図 -1】仙洞御所の当初計画　直線の護岸に着目

分類	項目	二条城	仙洞御所	南禅寺	金地院	頼久寺	龍光院	孤篷庵	桂離宮	曼殊院	龍潭寺	居初家
		遠州指図							遠州好み		伝遠州	遠州趣味
		◎	◎	○	○	△	△	△	—	—	—	—
王朝風	釣殿	○						△				
	廻廊	○										
	遣水								○			
	芝生	○							○		○	
唐風	切石	○	○		○	○		○	○			○
	岩山		○									
	花壇		○									
欧風	切石	○	○						○	○		
	ビスタ			○					○	○	○	
	数列			○							○	
吉祥	鶴亀	○			○	○						○
	蓬莱山(富士)	○	△	○	○	△		○				△
茶の湯	真・行・草								○	○		
	見立て								○			
	対比	○	○		○	○			○			
絵画	墨絵(余白)			○			○		○	○		○
	金箔障壁	○	○					○				
宗教(禅)	遥拝										○	
	枯山水			○	○			○			○	○
その他	借景	△	○	○	△	○			○	○		○
	枠取り				○	○	○		○	○	○	○
	隅違い				○				○	○		
	撒砂利				○	○			○	○		

【表 -5】「綺麗さび」で表現した庭園　　　◎ 公儀　○ 準公儀　△ プライベート

なかでも、遠州作庭当時における仙洞御所の池泉は今と違って、西洋風といいたくなるほど直線の石垣護岸を用い、まるで競泳プールのようだった【図-1】。

しかし、その頃の西洋にはまだ直線の護岸を用いたような水景庭園はなく、あのベルサイユ宮殿の着工も遠州没後20年目で、宮殿が評判となるのはもっとその後であった。

むしろ、手本としたのは狩野派が描く皇帝の園林帝鑑図[13]にあり、切石による池の直線護岸が最も近いイメージで、これは中国の宮廷庭園でよく見られた。日本の例では、桝目状に花壇が並ぶ明正院[14]の庭園は直線構成によるものだ。しかし、これは西洋のリボン式花壇ではなく、壇上に植栽する牡丹園で、同様の幾何学的花壇は同年代、「名古屋城二之丸庭園」にもつくられている。

この「二之丸庭園」の作庭者と見なされていた上田宗箇[15]は、織部の門下で遠州の兄弟子にあたり、庭園の作者には打ってつけだった。しかし、近年の井上光夫[16]氏の調査で吉田素庵[17]こと、角倉素庵の「二之丸庭園」への関与が有力視されている。

江戸初期は儒教を始めとする漢学が興隆し、「唐好み」一辺倒ともいえる時代で、そのオピニオンリーダーのひとりが遠州であったことを覚えておきたい。

城郭や御殿など威厳を表現する屋根の意匠に、中国にもない「唐破風[18]」を中国風の意匠として尊んだのもこの時代で、遠州モダンの直線

【写-11】桂離宮／松琴亭の市松模様

美は「唐＝真」との確信から生まれたものであった。

遠州好みのもうひとつ、「隅違え」または「筋違い」は矩形の角と角を接して対角線を結ぶ配置で、これを四方に展開すれば「市松模様」となる。縦と横に動くベクトルを斜めに展開することで、「平面的で静的な動き」に対して「動的な立体感」を与えた。これは様々な空間に応用できるデザインのひとつで、「桂離宮庭園」を代表として多くの庭園で使われてきた【写-11】。

4. 遠州庭園の魅力を探る

戸田　遠州は茶匠として尊敬され、庭づくりの名人として今なお語られるが、本人が直接関わった庭園は世に喧伝される程多くない。二条城、仙洞御所、金地院、南禅寺方丈、孤篷庵の五つだけが遠州庭園とみなされ、伝遠州の頼久寺は確証はないもののこれに準ずる。桂離宮や曼殊院などには直接関与してはいないが、「遠州好み」の庭園とされ、遠州配下の人々の関与は間違いないようだ。これらは、遠州作に比べていずれも遜色がない水準の庭園である。

次に、遠州庭園の魅力を7項目に整理して、デザインの狙いを述べていきたい【表-6】。

1. ドラマ空間の演出…………二条城、金地院
   〈祝祭と礼拝の場〉　　　桂離宮
2. 「綺麗さび」の表現………孤篷庵、桂離宮
   〈モダニズムのレイヤー〉
3. テーマにこだわった庭園……金地院、桂離宮
   〈蓬莱と浄土、源氏と白居易〉
4. 借景デザインの進化………金地院、孤篷庵
   〈ダイナミックな構成に進化〉　仙洞御所
5. 立体絵画としての表現………二条城、金地院
   〈三次元世界へ誘導〉
6. 廻遊する規模の拡大………孤篷庵、曼殊院
   〈門から始まる物語〉　　　桂離宮
7. グラフィック庭園の導入……金地院、桂離宮
   〈グラフィックデザインの応用〉

【表-6】遠州庭園の魅力

1) ドラマ空間の演出

野村 遠州の多くの仕事は建築が主で、庭園は建築に伴うものだが、建築に従属しがちな現代の庭園とは異なった。遠州にとって庭園は建築の最後の総仕上げであり、狙いは建築と庭園が一体となることだった。それにより、双方の美に相乗効果が生まれ、総合的なドラマ空間が演出されることとなった。

ドラマを構築するのは茶会を演出する「茶匠・遠州」であり、空間を形づくるのは「作事奉行・遠州」である。このドラマを巧みに組み立てる絶妙なバランス感覚は、茶の湯で育まれただけでなく、戦国から江戸初期にかけての幾多の危機を乗り切った「官僚・遠州」の絶妙な感性によるものだろう。施主の要望を受け入れもするが、大胆な主張を通す遠州がそこに垣間見える。

そのように、遠州庭園の魅力は遠州の優れた造形感覚を見せてくれるに留まらず、遠州の生き様を培ってきた時代の社会、世相などを庭園のあちこちで発見する愉しみを与えてくれる。

2) 「綺麗さび」の表現

戸田 デザイナーは「神は細部に宿る」と己の作品をしばしば語る。ディテールの善し悪しでデザインのクオリティは評価されるが、遠州の「綺麗さび」は庭園でどの様なディテールで表現されたのだろう。

野村 茶の湯の「わび・さび」に対応する「綺麗さび」は本来、遠州の茶の湯における美意識の概念だが、遠州はこれを建築や庭園に反映させた。この美を醸成する要素としては、以下に示す遠州の王朝趣味などがあった【写-12】。

- ●王朝趣味が培ったエレガンス
- ●中国・西欧趣味にみるエキゾチシズム
- ●建築の構造美にみるインテリジェンス

庭園を貫通する直線美には建築の構造美に精通する遠州ならではの趣味と共に、障壁画に描かれた皇帝の庭園の直線護岸を、「真」とする考え方によるものと思われる。

また、「白」へのこだわりも徳川好みといえる城郭の漆喰に原点があるようで、駿府城、名古屋城の天守閣の作事奉行だったことを忘れてはならない。遠州の美意識を育む上で建築から学んだものは大きく、我が国の庭園史を通して、これほど建築にシフトした造園家は他にいなかった。

逆の見方をすれば建築側の人物で、これほど庭に精通した人はいなかった。さらに言うならば、むしろその境はなかったに等しく、その代表的な存在が遠州であった。

戸田 「綺麗さび」の美意識には建築プロデューサーとしての感性と蓄積が色濃く投影されていることが理解できた。これらの美意識は現代のモダニズムそのものにも影響を与えており、今も色褪せることなく私たちの心をつかんで離さない。

【写-12】桂離宮／一番の見せ場「天橋立」

【写-13】金地院庭園／礼拝石を通して東照宮を見る

3）テーマにこだわった庭園

野村 金地院庭園のテーマは徳川家を寿ぐ蓬萊式庭園で、コンセプトは鶴亀石組を配置する遥拝空間である。ここは将軍家光の「御成の庭園」としてつくられた。平安時代の「寝殿造り」では貴人は庭園から直接客間に入るのが習わしであり、将軍は当時、東端にあった御成門から正面の開山堂に向かって白洲（しらす）の上を進む設定になっていた。

徳川家康を祀る東照宮は庭園背後の段丘上に位置し、手前の鶴島、亀島の間を通してその先に社殿は浮かんでいる【写-13】。つまり、寺院における鶴と亀の存在は極楽浄土を荘厳するための霊獣であった。白洲は広すぎるように見えるが参道も兼ねた遥拝のための儀式空間で、その広さは龍安寺の石庭とほぼ同じである。

室内の「上段の間」から庭園を見ると広縁が白洲を消し、柱と梁と縁に枠取られた画面に鶴一羽が大きく翼を広げ、東に向かう姿となっている。

一般に鶴亀の庭園では亀が主役だが金地院の主役は鶴で、縦と横の直線的構成により石組は江戸に向かって翔ぶ鶴という、遠州の拘りが見られる豪華な表現である。

その一方、亀は庭師にお任せで、賢庭（けんてい）が以前手掛けた醍醐寺三宝院の亀と瓜二つである。背に載る樹木は本来は姫小松であるが、ここでは禅のシンボルツリーの「真柏（しんぱく）19)」を使っている。真柏を用いたのは大徳寺に参禅し、禅号を有する遠州ならではのこだわりが見える。

遠州はテーマに沿った空間構成にこだわり、コンセプトを分かりやすいデザインに置き換えるサービス精神が度々ほとばしり、結実したのが金地院鶴亀庭園であった。

4）借景デザインの進化

戸田 庭園の背後にある景色を取り込む「借景」の手法は古来より見られたが、遠州は建築との関係を特に拘って表現しているようだ。

野村 遠州が広めたともいえる借景の技法は生垣や建築でつくった枠取りによって、背後にある秀麗な山などをより印象づけている。ちなみ

【コラム-2. 小堀遠州の綺麗さび】

ワビの「利休好み」やバサラの「織部好み」に対し、「遠州好み」はキレイだとされている。綺麗とは、綾絹のように麗しい様を指しているが、一方では「清らか、潔い、すっきり、整然」などの意味が重なる。英語ならビューティーとクリーンに分かれる言語を一緒にした単語が綺麗といえる。綺麗にしてシャープな造形を好む遠州にこそ相応しい表現だろう。

綺麗は室町時代初頭の太平記などに度々登場し、近世初頭になると現在使われている「カッコイイ、カワイイ」のように用いられた。

この頃の狂歌に「織理屈、綺麗キッハハ遠江、於姫宗和ニ、ムサ

シ宗旦」がある。この意味を探ると織部は理屈っぽく、遠州は綺麗キッハ（ギッパ）で立派、金森宗和は姫好み（公家好み）、むさ苦しい程侘びに徹したのが千宗旦で、4人の中では取り分け遠州が好感を持たれていたようだ。

一方、松屋金花は「茶巾の扱いがキレイで、いかにもダテ」と記している。熊倉功夫氏5)はダテは「伊達」ではなく男立ての「立て」だという。「立て」と「ギッパ」は通じるところがあり、遠州の美意識は「キレイサビ」というより「キレイギッパ」にあり、そのセンスは庭園にも投影され、エッジを明確に見せる演出にそれらを見出すことができる。

角が立つ飛石や延段など、遠

州スタイルの直線的デザインは己が目立つだけでなく、周辺の対象物も際立たせることが重要なポイントである。生垣もこれと同じ効果を持ち、借景の山を一段と立派に見せている。

これらのセンスは明解で「遠州好み」というより「遠州スタイル」と呼んだ方が似合う。型ともいえる解りやすいデザインが後継者を育て、後世にも写される要因となった。

その象徴的存在が桂離宮庭園で、遠州存命中よりもその後の方が遠州らしいのは、後継者たちの活躍によるものといって良く、スタイルの継承の素晴らしさがここに見られる。

に、同じ織部門下の大先輩である上田宗箇も同様の技法を得意としていた。

また、遠州は茶室の点前座、中柱の袖壁の下を吹き抜けとし、張り壁[20]に描かれた山水画の松を正客だけに、さり気なく見せて笑みを誘うなど、もてなし上手であった。

建築の枠取りに収まる金地院庭園の鶴亀石組や、孤篷庵「忘筌[21]」の御座船に見立てた室内からの景色も同じである。ちなみに、中国では画舫[22]（屋形船）を真似た建物（石の船）を庭園の水辺に配した【写-14】。これらは北京の頤和園[23]や蘇州の私家園林[24]で見ることができる。前者は神仙島への船出を待つ舟であり、後者は務めを終えた高級官僚の隠遁生活において午睡する舟で、永遠に桟橋から離れることはない。

遠州は公務の作庭では「唐＝真」を主張する姿勢が表れていたが、文人である遠州の隠居所、孤篷庵には庭園の表現に本音が隠されていた。そのコンセプトは生まれ故郷近江の「近江八景[25]」で、「忘筌の庭」の右奥に置かれた石は遠州作の落款ともいえる富士山型の景石で、当

【写-14】頤和園（いわえん）に浮かぶ画舫

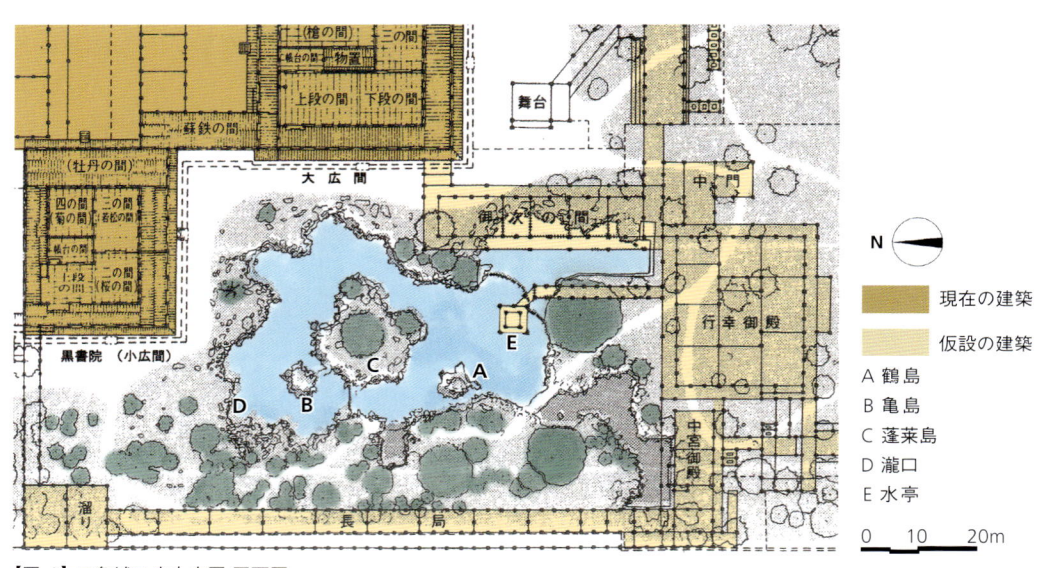

【図-2】二条城二之丸庭園 平面図

N

■ 現在の建築
■ 仮設の建築

A 鶴島
B 亀島
C 蓬莱島
D 瀧口
E 水亭

0 10 20m

【写-15】二条城二之丸庭園

【図-3】二条城二之丸庭園 スケッチ図（作図＝野村勘治）

初、私は近江富士（三上山）と思っていた。

庭園の北東隅にある茶室「忘筌」は生まれ故郷の長浜、彼の地から見る伊吹山の姿はまさしく富士で、むしろ落款の山は伊吹山かもしれないと思うようになった。美濃との国境にある伊吹山の近江側は小室藩[26]で、遠州は伊吹山西半分のオーナーであったともいえる。

故郷の長浜は終生遠州の心から離れることはなく、故郷を想う優しい心根から名園は生まれ続けたのである。

5) 立体絵画としての表現

映像体験を楽しませてくれる遠州庭園の中でも、二条城二之丸庭園は時空を越えたつくりになっている【図-2】。二之丸庭園での遠州の仕事は、既存の庭を東側と北側にある書院から見るだけでなく、南側の御幸御殿（みゆきごてん）からも鑑賞できる庭園への改造であった。

そこで、出島や石組を組み替え新たに鶴島を浮かべ、御幸御殿からの眺めをすべて瀧に収斂させるなど、壮大な王者の景を展開した。さらに、「寝殿造り」の「釣殿」のように水亭を浮かべ、池中からの視点場とした。これは単に建築から眺める二次元的な絵画空間ではなく、山水画の中に入るような庭園観賞法であった【写-15】。

一般的な正面からの庭の観賞に加え、側面や背面からの視点はこの時代には忘れられていた。遠州が禁裏や幕府の庭づくりの中で、度々試みた水亭へのこだわりは、三次元的視点場の獲得であった【図-3】。

6) 廻遊する規模の拡大

戸田 「茶の湯」における露地はシークエンスによる場面の変化が多彩で、歩む速度と時間の経過が楽しみのひとつである。その露地から廻遊式庭園は発展したが、遠州の美意識との関係を探ってみたい。

野村 利休時代の露地は常緑樹が主体の奥山の世界で、奥が透けて見えるものではなかっ

た。織部、遠州の時代になると、露地はどんどん明るくなっていった。二重露地になるのは織部からで、真ん中に結界をつくり2つの空間に分け、複雑なシークエンスを辿り楽しみながら茶室へと至る。廻遊式庭園はここから発展していったともいえる。

孤篷庵は露地こそシンプルで、コンパクトにつくられているが、庭は門から始まる廻遊式庭園のシークエンスのお手本といえる展開となっている。取り分け玄関から墓に至るアプローチにおいては結界を潜る「三角の屋根」や「吹き放しの窓[27]」「むくり屋根の墓門」へと変化させ、円形の墓石へと格式の世界から安らぎの世界へ、心をほぐすように淀みなく繋いでいる。

小堀遠州の園路、取り分け露地の空間は訪れる人を手玉に取るように奥へ奥へと導いていて茶室にいたる。この技法は「茶の湯」から学んだもので、桂離宮にはその傾向が顕著に表れ、廻遊式庭園の集大成と目されている【写-16】。

7) グラフィック庭園の導入

戸田 金地院庭園は巨大な鶴と亀の石組を向かい合わせに構成している。これは日本美の原点となっている「あ・うん」を視覚化したのではないかと思うが、いかがだろうか。

【写-16】桂離宮の廻遊園路

野村　俵屋宗達の絵画「風神・雷神図」や尾形光琳の「紅白梅図」など、大胆な構図を好んだ江戸初期の庭園が小堀遠州の作庭手法のひとつであった。

　また、南禅寺方丈庭園では庭石を左から右にかけて等差数列のように順々に小さく組み、他の庭園では見られない遠近法を用いている。この理由は間近に迫る大日山の方向に視線を向けないよう、視線を右へ右へと誘導して閉塞感を逸らすためであった【写-17】。さらに土塀は左をやや上げ、右を下げているのも効果的で、気勢に沿う手法から出される効果は見逃せない。遠州の手際は鮮やかそのものであった。

　そして、桂離宮で表現した「真・行・草」の敷

【写-17】南禅寺方丈庭園

石はグラフィックデザインの象徴的パターンとして、今も人気である。遠州の「真・行・草」は単に格式の変化ではなく、心の有様を素直に表現した。表向きの「歓待」が「真」であり、心を解きほぐす温もりの「おもてなし」を「草」としたのは、明快なデザインコンセプトの表現であった。

5.「伝遠州」庭園が語る「遠州好み」

戸田　ここでは、遠州の作庭理念、姿勢を強く受け継いだものを「遠州好み」、遠州関与の言い伝えのある庭園を「伝遠州」と分類して進めていきたい。

　日本各地に多くの「伝遠州庭園」が残り、大半は伝承に留まるが、遠州の関与を限りなく示唆する庭園もある。これらは遠州への強い憧憬によって生まれ、語り継がれたものである。

1) 遠州庭園を越える「遠州好み」の庭園

野村　この両者を区別することは、それほど意味がある訳ではないが、遠州庭園を理解する上で大切な区分といえる。「遠州好み」の庭園を語るとき、欠くことの出来ないのが桂離宮庭園である。延段、燈籠、飛石などの「真・行・草」の見

【コラム-3. 小堀遠州の作庭チーム】

　伏見奉行を常の公務とした小堀遠州は、兼務する作事奉行としての仕事は天皇と将軍のための国家プロジェクトが主であった。加えて寺院の大本山や加賀前田家など、公儀に準ずる私的業務に至る仕事も多く、賢庭などのサポートが必要であった。

　作事奉行としての建築は大工頭の中井家の存在が大きく、極端な見方をすれば作事は任せているだけで良かったといえる。

　しかし、作庭については独自に編成した「チーム遠州」によって進めた。遠州はプランには関わるが、準公儀以下の仕事は現場に出ないことが多かった。金地院も現場には一度も立ち会うことはなかったようで、施主の金地院崇伝は不満を述べている。そのやり取りから遠州の庭づくりのスタンスが垣間見えてくるのが興味深い。

　この時、遠州の代行として現場で指導していたのは村瀬左介であった。村瀬は遠州の家臣で伏見の屋敷に居住し、遠州が出掛ける茶会にも相伴し、客の待ち時間にも対応するなど、分身的な存在であった。庭園の作業分担においては骨格となる石組は賢庭が行い、仕上げの植栽は村瀬が担当した。

　賢庭は醍醐三宝院庭園で活躍した庭師だが、その後遠州の麾下[6]に入った。賢庭は金地院や加賀前田家ての仕事が記録に残るほか、二条城二之丸庭園の鶴石組は以前携わった三宝院庭園の鶴石組と瓜二つで、遠州が任せたのが明確に分かる。

　このように賢庭は「チーム遠州」にとって代表的な存在であった。

立ては遠州好みで、さらに印象的なのは「直線的」意匠と「筋違い」へのこだわりが強く見られることである【写-18】。

桂離宮の「直線」と「筋違い」は御幸門にある矩形の三和土の軒内と、御輿石の角と角を接する構成から始まる。園路では飛石の角と角を合わせて軸線をずらして歩み、行き着く先の松琴亭にある襖の市松模様は、青と白でつくった究極の筋違いといえる。そこには、ひとつの意匠が連続して変化する様を見つける楽しみがある。

王朝趣味に中国趣味が重なるのが遠州の美意識で、桂離宮庭園では舟着から漕ぎ出す水面には梅の花が影を映し、直列する2つの反り橋は中国江南地方の運河に架かるアーチ橋に似る【写-19】。この橋を潜り抜け、西湖に見立てた池の彼方には西湖十景のひとつ、三潭印月[28]の燈籠に似た岬燈籠が浮かぶ。白居易が「春湖上に題す」で詠んだ春の西湖の名月は、桂離宮の月波楼から見ると岬燈籠の方向に月は昇る。

大津市堅田の居初氏庭園[29]も遠州庭園以上の遠州好みで、延段や飛石は筋違いを連続して構成。借景には遠州もうらやむ琵琶湖と近江富士があり大変豪華な設えである【写-20】。ちなみに、この空間づくりに関わった北村幽庵は遠州の茶会に招かれる程の間柄であった。

2)「遠州好み」を継承する曼殊院庭園

桂離宮は初代八条宮智仁親王が造営し長男智忠親王が改修した。智忠親王の次男良尚法親王が建てた曼殊院には建築から庭園まで、桂離宮のエッセンスが色濃く香っている。

広縁を巡りながら庭を楽しむ展開は二条城二之丸庭園の水亭に至る廻廊と同じ。直交する2

【写-18】桂離宮／延段の直線的意匠

【写-19】桂離宮の土橋と板橋の「三重反り橋」

【写-20】居初氏庭園

【写-21】曼殊院庭園の蓬莱石と石橋

つの広縁の延長線には鶴と亀の松を植えてアイストップにしている。また、茶室の小さな縦長窓から見る「橋挟石(はしばさみいし)」を兼ねた蓬莱石組は、吉祥の意匠を介して建築と庭園を一体化させた遠州的構成といえる【写-21】。

曼珠院室内で見られる富士山型の釘隠しは古来より富士山を日本の蓬莱山と見立ててきたとの引用、都の富士である比叡山の麓にある曼殊院なればこその意匠である。

庭園は桂離宮の天橋立や神仙島を手本とした空間構成としているが、動線や軒内の飛石は孤篷庵に酷似している。桂離宮が透けて見える遠州の「綺麗さび」と、孤篷庵の「わび」の世界をすくい取ったのが曼殊院庭園である。

3)「伝遠州」の庭園

(1)大徳寺方丈庭園

遠州は禅を修行した大徳寺との関わりが深く、寺伝によると方丈の東庭は真珠庵式[30]の七五三庭園[31]で遠州作とされている。東庭は土塀を間にして真珠庵と隣接しており、その本歌に対して七五三石組を横並びで模すとは大胆不敵としか言いようがない。かつて生垣の背後に浮かんでいた比叡山の借景は仙洞御所に見られる借景と同様、遠州的世界である。

南庭の南東隅の大仙院を写した枯瀧石組に対して、対角線上の北西隅に伏石を対峙させ、広い砂の余白に緊張感を与える配置は玄人の

技。これらの石組の中には、芦葉達磨[32]の故事を思わせるふたつの石を「隅違い」に浮かべるなど、パロディ的手法を含め遠州の手跡が垣間見える。

(2)頼久寺庭園(らいきゅうじ)

若い頃、遠州が奉行として備中に滞在したときは頼久寺を役所として使い、その時に作庭したと伝わっている。しかし、公務に忙殺される遠州に作庭の余裕はなかったという説もある。

頼久寺の溜池は山寺に必須の防火用水であり、特徴的な大刈り込みは石垣の補強のためで、石の間詰めに植えたサツキが巨大化した結果であり、遠州のデザインとは無縁の存在と考えられる。

しかし、鶴亀石組、延段風の飛石、撒き砂利、寄燈籠(よせどうろう)[33]、富士山石などが遠州の手跡とすれば、公務を妨げる程の仕事量ではない。借景の愛宕山を加えれば「遠州好み」、すべての要素が揃っており遠州庭園として観賞する価値の高い庭園である【写-22】。

(3)遠州地方の庭園

遠州は遠江守(とおとうみのかみ)でありながら直接には縁のなかった遠州地方に自称「伝遠州庭園」は多い。その中で龍潭寺(りょうたんじ)[34]は遠州と関わりのある井伊家の菩提寺であり、東海道の脇往還となる「姫街道」が寺の近くを通り、遠州もこの街道を通っていたようだ。遠州が江戸との往来の途中に立ち寄った可能性はあながち否定できない。

【コラム-4. 作庭チームのその後】

遠州存命時代の記録には見られないが、妙蓮寺の玉淵坊(ぎょくえんぼう)[7]は遠州没後の「遠州ブランド」を支えた人物のひとりであった。仙洞御所、桂離宮の作庭に関わり、高槻の普門寺や円通寺の庭園に関与しているようだ。その簡潔な表現は「遠州スタイル」といえるもので、後水尾天皇が円通寺で比叡山を借景として見立てた構成を、

生垣を使って際立たせたのは玉淵坊の手跡と思われる。

また、チーム遠州においては遠州の代行となるディレクターの存在が不可欠で、村瀬佐助はそのひとりだが、小堀一族の中で遠州の末弟、左馬助正春は遠州が最も信頼をおいた人物で、側近として才能を発揮したという。筆頭家老の小堀権左衛門も同じ

く側近として仕え、孤篷庵を任されて完成させた。

一方、材料調達も現場に劣らず重要で、石材は鈴木次丈夫、庭木は谷口九左衛門の名が残っている。プロジェクトに参加した人々がすべて「チーム遠州」といえるが、チーム以外にも遠州の作風を慕う人々によっても作品は後世に伝えられた。

一見すると龍潭寺庭園に遠州好みは見られないが、井伊家代々の墓所や江戸時代後期に建てられた霊屋を鶴亀の石組で荘厳。霊屋前の池の護岸は矩形で、背後にある八幡神社の参道の名残りもある。

　客殿から見る築山は透視図的な構図をとり、橋越しに墓を拝むなど、山並を借景する意匠は遠州庭園的である【写-23】。本堂は遠州以降につくられたが、遠州の手法がすでに地方まで浸透していたことを物語る良い事例ではないだろうか。

戸田　ここまで、父の代からの活動や周辺の人々との関わりを捉えながら、小堀遠州の成長過程を見てきた。そして、小堀作品のベースにある代表的な美学、「綺麗さび」を利休や織部の美学と比較しながら、実際につくられた庭園で探ってきた。

　代表作として南禅寺方丈庭園、金地院鶴亀庭園、孤篷庵のほか、「遠州好み」とされる桂離宮、曼殊院庭園、居初氏庭園、頼久寺庭園を例にとり、「テーマ」・「ドラマ性」・「借景」・「立体絵画」・「グラフィック」などのキーワードを用いて、具体的な遠州の美に迫った。

　次は遠州の代表作である金地院庭園、南禅寺方丈庭園、孤篷庵庭園について、「庭園のテーマと構成」・「具体的なデザインの展開」を細かく見ていきたい。忙しい遠州が自ら手を下せなかった庭園についても触れ、遠州の「思想とデザイン」が今日まで、どのように受け継がれているか、作品を通してその美を探りたい。

6. 金地院庭園

1）金地院の歴史

戸田　金地院は応永年間（1394-1428）、室町将軍・足利義持が洛北鷹ヶ峰に創建した禅宗寺院が始まりである。これを以心崇伝[35]（1569-1633）が慶長10（1605）年、南禅寺塔頭のひとつとして現在の地に移し、今日に至っている。崇伝は江戸幕府の政治に参与し、外交・政策や社寺の建設に深く携わった重要な人物で、「黒衣の宰相[36]」として知られている。

　その後、崇伝の権勢が増すとともに境内整備を行い、自坊の塔頭である金地院の大造営に取り掛かり、小堀遠州のプロデュースにより東照宮や茶室「八窓席」などの数寄屋を含む建物と庭園が完成した。

野村　当時、遠州は後水尾天皇[37]（1596-1680）の二条城御幸のための御殿と庭園の作事を終えたばかりであった。金地院の建設は寛永4（1627）年に遠州が指図を描き、崇伝に送るとこ

【写-22】頼久寺庭園

【写-23】龍潭寺庭園

ろから始まった。

　崇伝が庭園を作ろうとしたのは将軍が上洛した折りの「もてなし」のためで、方丈が完成した寛永6（1629）年の翌年から前庭の「鶴亀の庭」にとりかかった。この方丈は将軍を迎える御成御殿であり、前庭は儀式空間を前提としつつ将軍の権威を保ち、美しく意味のあるデザインが求められた。

　当時、遠州は公儀以外の仕事は憚られていた。しかし、幕府の「黒衣の宰相」と呼ばれ、後水尾天皇から国師号を贈られた崇伝が施主だったので、準公儀として配下の奉行の采配により進められた。崇伝の書いた「本光国師日記[38]」に、遠州が建物や庭園にどのように関与したか詳細に記述されている。

2）庭園で表現した意味

戸田　金地院庭園は「鶴亀の庭」として一般に知られており、鶴亀石組の造形を主体にした記述が多い。しかし、庭園が持つ意味は建築の配置や機能などを含め、総合的に判断しなければ真の姿は見えてこない。方丈前の白洲と石組、

開山堂や東照宮など、境内全体の構成を紐解いて庭園の意味を探っていきたい。

野村　この庭園をひとことで表せば、庭の語源とされるニワそのものということである。社寺においてニワとは、神事・仏事を始めとする多目的空間のことで、金地院では徳川家康を祀った「東照宮」を遥拝する空間を指している。方丈前の白洲は「開山堂」に向かう参道であり祭事のための多目的広場でもあった【図-4】。

　「東照宮」は庭園背後の一段高い壇上に置かれ、庭園から見上げて遥拝する位置関係にある【写-24】。「開山堂」は、かつて庭園の東にあった唐門から白洲を東西に横切り、西に向かう軸線上に置かれている。賓客は唐門から入り中門を抜け、庭園の白洲を通り、泮池（はんち）[39]に架けられた切石の「反り橋（そりばし）」を渡って「開山堂」に至る構成である。将軍は橋の手前で右折し、「方丈」上段の間に入ることとなる。

　「開山堂」の前にある長方形の池泉は「聖と俗」を隔てる「泮池」であり、軸線上に真っ直ぐ架かる「反り橋」は遠州がこだわった「真」の切石としている【写-25】。

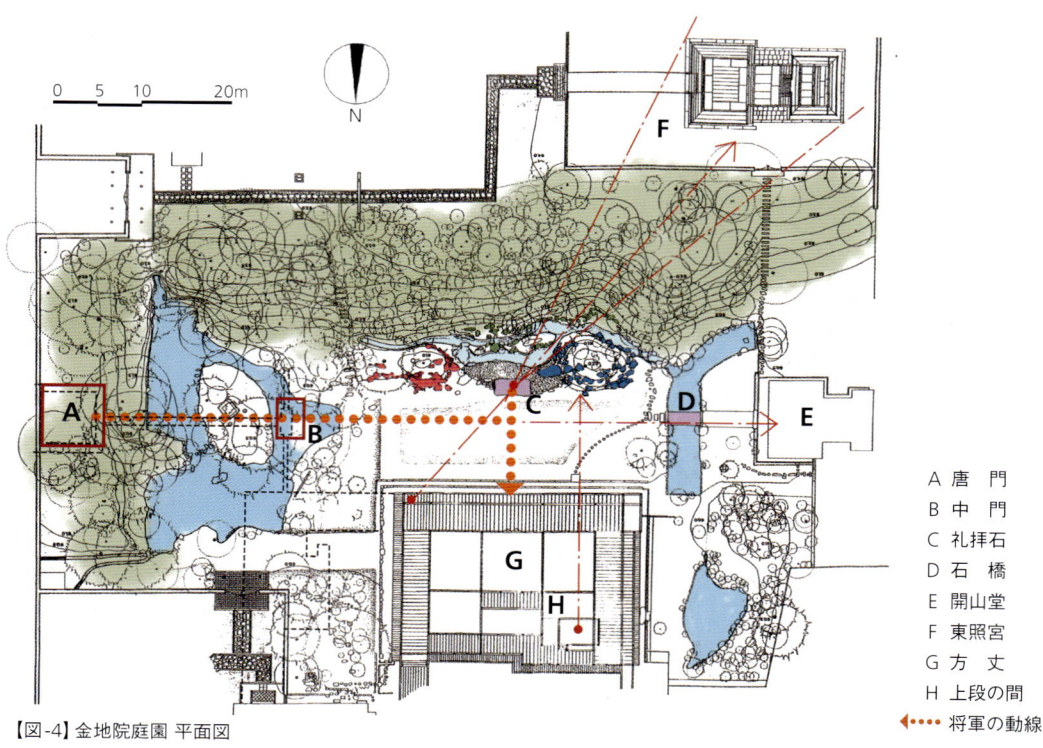

【図-4】金地院庭園 平面図

0　5　10　　20m

N

A　唐　　門
B　中　　門
C　礼拝石
D　石　　橋
E　開山堂
F　東照宮
G　方　　丈
H　上段の間
◀‥‥　将軍の動線

また、中門を潜り庭園の中央部に進んで左上にある「東照宮」の方を望むと、左右に亀島・鶴島を配した間に巨大な礼拝石がすわる。それは「遥拝のステージ」といえるもので、徳川家康を祭るために庭園を壮大な野外仏壇にして崇伝の想いに答える庭である【写-26,27】。

金地院庭園は鑑賞する前に遥拝の空間（ニワ）であることを忘れてはならない。その象徴的存在が「鶴亀石組」である。寺院の鶴亀石組は先ず浄土を荘厳する装置であり、合わせて蓬莱の聖獣であることを改めて知っておく必要がある。

戸田　金地院庭園の石組は自然石を豪華に扱いながら、シャープでモダンに感じられる。庭園の手前に白洲を広く取り、後方の法面を覆う樹林と共に「地」をつくり、鶴亀など石組群を「図」とした絵画的な表現が印象的、このデザインの構成に遠州らしさが出ている。

3) 庭園のテーマと構成

戸田　遠州の庭園コンセプトは明快で分かりや

すく、それを見せる技法が秀れていると同時に奥深い思想も内蔵している。すでに述べているが、この庭園のコンセプトは徳川家康へのリスペクトであり、白洲、礼拝石、鶴亀石組、蓬莱石組は各々が連動しながら、家康を神格化するための意匠となっている。そこには工夫を凝らした数多くの表現が見られるので、個々の石組などについて述べていきたい【図-5,6】。

(1)徳川家康を寿ぐ鶴亀石組

野村　まず、亀島から見ていきたい。亀島は礼拝石（らいはいせき）の左に位置し、西（開山堂）の方向を頭にして組まれている。亀島は中央に丸みを帯びた亀甲石を据え、亀頭石を右（西）に配した構成。遠州がこだわりを見せたのが島の中心に植えた真柏（しんぱく）である【写-28】。

真柏はヒノキ科のビャクシンの一種で、今も盆栽によく使われる樹木。遠州は大徳寺に参禅し修行を積んだ経験から、禅の有名な公案、「如何なるか是れ祖師西来意」に対する返答、「庭前の柏樹子」を引用して真柏を植えた。

【写-24】金地院庭園の礼拝石を見越して東照宮を見る

【写-25】開山堂への石橋

【写-26】金地院庭園の全景

【写-27】庭園の東側より正面に東照宮、右側に開山堂を見る

ちなみに、中国では禅のシンボルツリーとしてコノテガシワを禅院に植えるのが一般的だが、日本はカイヅカイブキがよく使われた。最古の例は鎌倉時代に蘭渓道隆[40]の植えたカイヅカイブキが鎌倉・建長寺にあり、その数本が今も健在、京都・大徳寺の仏殿前にも古木が残っている。

京都で最初の本格的な中国式伽藍の本山となる東福寺は、入宗した開山の円爾が中国五山首位の径山万寿寺の様式に従って建立、勅使門の両袖にコノテガシワを植えている。

また、金地院の亀島は醍醐三宝院庭園の亀島と瓜二つである。理由は遠州が多忙で、金地院庭園の作庭に立ち会えていなかったことにある。この頃遠州は村瀬左介[41]と共に二条城の庭園を手掛け、鶴島の石組に携わった庭匠・賢庭を金地院の作庭に従事させた。賢庭は醍醐寺三宝院も作庭し、鶴亀両島をつくっており両庭園が瓜二つになったと思われる。遠州が直接出張らなくても、職能集団としての能力が秀れていた賢庭らにより、高品質な作品として庭園は完成している。三宝院と金地院は写しではなく、作者が同じで似るのは当然だが、これ程作者名が特定できる庭園は稀である。

【写-28】真柏を背負う亀島

【写-29】礼拝石の足元を泳ぐ小さな亀石

【図-5】金地院庭園 立面図　後方に東照宮（作図＝野村勘治）

【図-6】金地院庭園 断面図　方丈からの視線（作図＝野村勘治）

ところで、礼拝石の前にある東に向いた小さな亀石に気付いた方はいるだろうか。これは将軍が礼拝石で遥拝して頭を下げた時に眼に入る仕掛けで、緊張感を和らげる作意が見られ微笑ましい存在といえる【写-29】。

戸田　禅の問答に基づく真柏をシンボルとした亀島は西の「開山堂」に向かっている。それに対して鶴島は大変豪華な石組、特に長い鶴首石は東に向かっており、まるで江戸へ寄せる崇伝の想いに答えるような遠州の構成は見事といえる。

野村　将軍が方丈の「富貴の間」の上段に座ると、建物のフレームでトリミングされた鶴は、江戸を目指して飛翔しているように見える。まさに、将軍の来賀を寿ぐような大振りな羽石が効果をあげている。多くの鶴島を日本庭園で見ることができるが、金地院の巨大な鶴首石や、飛翔する姿の鶴羽石の石組は、鶴石組の白眉といえる見事さである【写-30】【図-7】。

西に向かう亀島で「鎮魂」を、東に向かう鶴島で「寿ぎ」の場面転換を石組を介して表現、先導役はあの小さな亀であることが楽しさを増してくれる。亀島に使っている石の輪郭が丸いのに対し、鶴島は縦と横の線を強調した幾何学的な石を使い、その対比は遠州一流の演出手法ですばらしい構成に接することができる。

ちなみに、巨大な礼拝石や鶴首石は橋石として西国大名から崇伝への贈り物で、一見細長く見える鶴首石の平面形は船形の巨石である。

崇伝が心待ちにした将軍の「御成り」は、崇伝の死により残念ながら実現できなかった。

(2)蓬莱石組

戸田　鶴島と亀島の間、礼拝石の正面にある蓬莱石組は左右の石組に比較して小さく感じるのだが、なぜこのように小さく表現しているのだろう。

野村　確かに、これが蓬莱石組とすれば極端に低く小振りな石で組まれている【写-31】。礼拝石の左右に配した亀島、鶴島に比較して蓬莱石

【写-30】今にも飛び立ちそうな鶴島

【写-31】小振りな蓬莱石組と織部燈籠

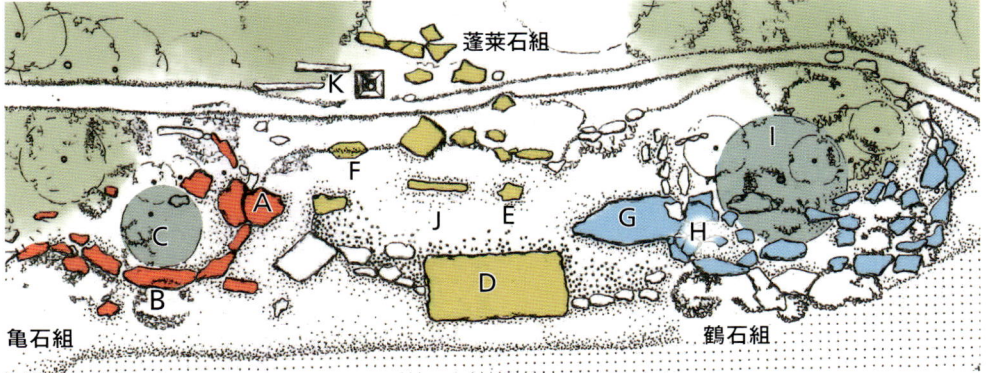

【図-7】金地院庭園 部分拡大平面図

A 亀頭石
B 亀甲石
C 真　柏
D 礼拝石
E 小亀石
F 富士山石
G 鶴首石
H 鶴羽石
I 赤　松
J 泂　池
K 織部燈籠

組を小さく表現しているのは、遠州が得意とする遠近感を強調する工夫と思われる。最も重要なビューポイントである「上段の間」からの将軍目線に合わせ、遠くに浮かぶ蓬萊島の表現とし、あくまでも鶴亀を強調する演出で、コンセプトの比重を浄土に置いていることを物語っているといえる。

遠州の影響を受けた桂離宮でも園路や飛石の先に、燈籠や手水鉢などのアイストップを設けて遠近感を高めると共に、これらを低く設置して視線を下に促し、広がりを感じさせている。

(3) 将軍の視点を計算した庭園づくり

戸田 ここまで、庭園がつくられた背景と、庭園が意図するデザインを追うことで空間構成の大枠を掴むことができた。金地院庭園は将軍の「御成り」が最大の目的であり、徳川家の永遠の繁栄を願う庭園であった。その上で、将軍の行動を庭園の視点場と軸線の関係で明らかにしながら、動的な構成をみていきたい。

野村 勅使や将軍など高貴な人物の迎え方は寝殿造り以来、室内を通らず直接庭から御殿に入るのを習わしとした。本来、御殿や方丈など公式性の高い建築の南庭は儀式の空間で、私たちが一般にイメージする住宅のような庭園とは異なる。

金地院の白洲は参道以外にも様々な儀式に供する多目的広場であり、その機能を残すため方丈のすぐ前は一定の空地を確保して、その背後に庭園をつくっている。南禅寺方丈、大徳寺方丈などの庭園の石組が極端に塀際に寄っているのも、そんな理由からである。

将軍のルートは今はない東部の唐門（御成門）から入り、敷石の路を経て中門から庭に入ると、そこからは白洲となる。壇上にある「東照宮」参道の設えも、楼門から拝殿までの舗装は「草・行・真」の順に展開し、最後の門の内側は白砂を踏んで拝殿へと進む。もっとも、指図では舗装された屋根付きの廻廊が拝殿へと延びており、これが本来の「真」の設えだったと思われる。まさに遠州ならではのこだわりの構成であった。

さて、将軍は中門から庭園に入り中央の礼拝石に至り、「東照宮」に対して遥拝。礼拝石は方丈の中心軸にあり、なおかつ方丈の東南隅の縁側と「東照宮」を結ぶ軸線上に据えられている。さらに、礼拝石の奥に敷いた蒔砂利を海と見立て、手前が「此岸」、その対岸が「彼岸」の構成としているのも見逃せない。

遥拝の後、方丈に昇段し「富貴の間」へと入

【コラム-5. 東照宮の造営】

家康は元和2（1616）年に死去、崇伝は遠州に設計を依頼して寛永5（1628）年に東照宮の造営を終える。拝殿天井の鳴龍と杉障子の絵は狩野探幽の作。軒の出が深く、屋根勾配の曲線、軒の反りの曲線ともになだらかで、豊かな装飾を浮き立たせている。

家康の死後、臨済宗の僧である崇伝は「豊国大明神」となった秀吉同様、家康を「明神」の神号で祀ることを進言する。しかし、家康のもうひとりの宗教顧問の南光坊天海[8]は、仏が神となって現れた「大権現[9]」が家康の遺言であると主張、その結果、東照大権現として祀られることになり、崇伝は天海に敗れたのである。

【コラム-6. 禅寺と飛石】

宇治の黄檗山萬福寺には金地院庭園で見られたような飛石が参道の中心軸にある。この菱形が連続する意匠を「龍の背の鱗」に見立て、儀礼の時にこれを踏めるのは管長だけであり、今も厳格に守られている。

ちなみに、南禅寺塔頭の天授庵の庭園を縦横に走る延段は、萬福寺の参道をコンパクトにアレンジしたかのような姿であり、その名も「鱗敷の延段」というが、明治の作と思われる。

同時期に金地院の飛石も今の姿になったのではないかと私は推察している。南禅寺は近世まで広大な境内地を有し、その跡地が今日残っている別荘群である。使われた方形切石は廃寺となった塔頭の廃材で、別荘がつくられた時に使われたと、私は想像を膨らましている。

る。将軍が座す「富貴の間」上段から庭園を見返すと、方丈の広縁が白洲を視野から消し、正面の開口部の枠取りいっぱいに鶴島が修まる構図となり、まさに生きた障壁画がそこに見られる。

　鶴島の石組は縦と横の直線を組み合わせた幾何学的な構成で、建築と庭園の双方を支配下に置く小堀遠州ならではの感覚といえる。

(4) 遠州好みと細部のこだわり

戸田　金地院庭園の紹介によく使われている弧を描く飛石があるが、このデザインはどのような意図でつくられ、遠州はどのように関わったのだろうか【写-32】。

野村　この飛石は方丈から開山堂に至るルートとしてつくられ、いかにも遠州らしいデザインだが、実は後に加えられた「遠州好み」の飛石である。一般に飛石は石と石の間を平行にして「合端[42)]（あいば）」を合わせるが、ここでの意匠は平と角を合わせている。「筋違い」に似ているがいささか異なり、方形の切石を直方と菱を交互に打っているのがユニークである。

　当初の庭園は白砂だけで、江戸末期の「都林泉名勝図絵」には切石と天然石が混じった飛石が描かれているが、現在のような弧を描いていない。長い時間の中で少しずつ変化していく日本庭園のひとつの事例ではないだろうか。

　ちなみに、明治時代につくられた同じ意匠の延段が山内の塔頭の天授庵[43)]（たっちゅう）にある。当時、南禅寺の多くの塔頭は上地され廃寺となっており、切石はこの時の廃材と思われ、金地院も同時期に敷かれたのではないだろうか。

　遠州の庭園には遠州の落款ともいえる富士山形の石が必ずといってよいほど据えられている。近年、庭園の中に入らせていただいた時に、これまで見当たらなかった見事な青石の富士山石を、蓬萊石組の織部燈籠手前で見つけることができた。その後、これを住職に進言したところ、1ヶ月後にはサツキが取り払われ、富士山石がよく見えるようになっていた。

　現在、蓬萊石組の背後の法面にある「玉刈り込み」は「東照宮」の塀まで続いている。これを指図で見ると当初は「玉刈り込み」ではなく、法面は疎林で本殿方向にだけ透けていたようだ。東照宮の見せ方は威厳ではなく、幽玄に見せる演出だったと思われる。

戸田　私が金地院を訪れた時は園路に導かれて「東照宮」を参拝、「開山堂」の脇を通り庭園に向かって廻遊した。庭園は美しく整備され豪快な石組や、以前見えにくかった小さな石組も明らかになっていた。そして「東照宮」が白洲側からくっきりと浮かび、庭園が表現する意味が明確に受け取れた。その上、方丈に上がれば庭園

【写-32】美しく弧を描く飛石

【写-33】金地院方丈より庭園全体を見る

と建物の濃密な関係がより実感できるので、時間をかけて遠州の美と技をじっくりと堪能してみたい【写-33】。

7. 南禅寺方丈庭園

1) 南禅寺の歴史

戸田　南禅寺は臨済宗南禅寺派本山で山号は瑞龍山という。開山は大明国師[44]、亀山天皇の離宮を下賜され正応4（1291）年に開創された。当時は禅寺五山の首位で、室町時代には一ヶ寺増して六ヶ寺となり、南禅寺を格上げの「五山の上」とし隆盛を極めたが、応仁の乱で伽藍は焼失した。しかし、慶長11（1606）年に本堂を再建、寛永期には御所の清涼殿を下賜され方丈を再建、さらに遠州の岳父藤堂高虎が歌舞伎の石川五右衛門で有名な山門を再建した。

　方丈の南に広がる庭園も清涼御殿を移築した際につくられたもので、白洲の中に巨石をシンプルに配置、大らかな景観をつくり出している【図-8】。

2) 庭園のテーマと構成

野村　方丈庭園の手前に白砂、奥に石組を置いた構成は金地院庭園と同じだが、立石も加工石もなく雰囲気は異なる。雅な「草」の雰囲気が漂

うのは、背後の山に合わせて庭園を調和させた結果であり、作庭者は小堀遠州。作庭当時は南側に庫裏がなかったことから、正面に大日山が迫り、洛中洛外の寺院の中では格段に大きい緑のボリュームを背後に持つ庭園であった【写-34】。

　また、庭園の石組の印象が他と比較していささか異なるのは、極めて石の数が少なく、6個という偶数だからである。古来より中国や日本では奇数を陽、偶数を陰とした。奇数は割れず中心があるのでめでたく、偶数は二つに割れる故に忌ましいとされ、嫌われていた。

　庭園は6個の石が前後に3個ずつ並ぶだけでなく、ほぼ等差数列のように左から右へと小さくなる。初めて見たときには人を食ったような庭園だと思ったが、作者が遠州ならばあり得るとも考えた。

　造園家というより建築家と呼んだ方がふさわしい遠州は、宮中の庭園でもたびたび定規で引いたような直線的構成を試みているからだ。幾何学的な石組があってもおかしくはないが、それを実行する人物は遠州をおいて他にはいない【写-35,36】。

　石組をよく見れば、チャートと呼ばれる5個の黄色い山石と、1個の青黒い頁岩[45]により構成されていることに気付く。青みを帯びた頁岩は前列中央にあり、両脇の石よりひときわ高く

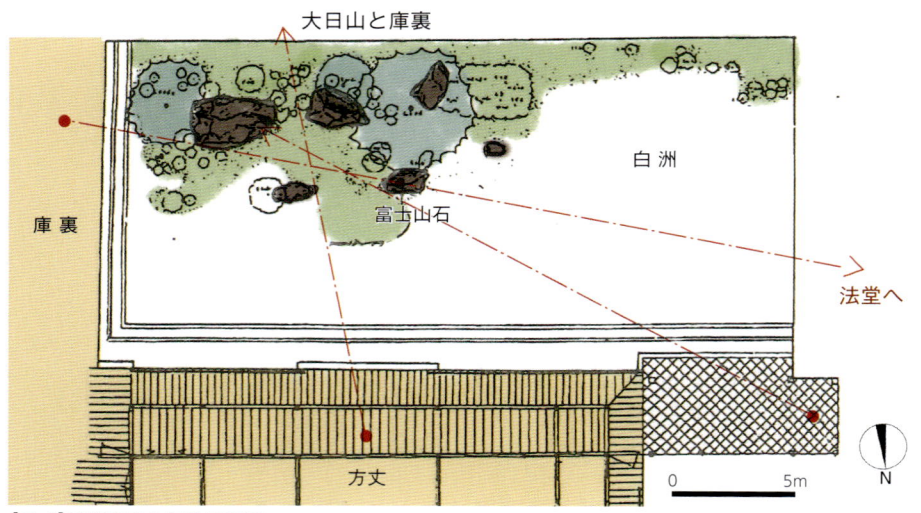

【図-8】南禅寺方丈庭園 平面図

見事な富士山形をしている【写-37】。石の違い
を眺めていた時、石組の数が6個ではなく、5個
と1個の組合せであるとひらめき、石組が持つ
謎は一気に氷解した。

　大小の山石は京都五山[46]を表現しており、そ
れに対して富士山型をした中央の頁岩は、五山
の上とされた南禅寺を示したのではないかと考
えた。知ればなんとも見え透いたお世辞だが、
本山の住職だった崇伝のプライドを大いにくす
ぐったに違いない。

　ちなみに、富士山石は「遠州の庭」の落款とも
いえるが、概ね頂上は丸く故郷の近江富士の三
上山に似ている。しかし、南禅寺庭園の富士山
石の頂上は水平で明らかに本歌の富士山といえ
る表現、さらにど真ん中に据えるとは恐れ入る。
遠州の細やかなサービス精神と、したたかさが
垣間見える構成である。

　改めて庭園を見ると背景の大日山が近く迫
り、空間的に閉塞感は拭えない。山の稜線は左
から右へと低くなるように流れ、これに沿うよ
うに庭園の石と植栽も左から右へと低く組まれ
ている。これは左から右へ視線を誘導して大日
山の圧迫感から免れる演出。さらに土塀をよく
見れば左肩が高く右に低くなり、気勢に従う見
事な構成となっている。

戸田　石が点在する枯山水庭園は京都では「虎
の児渡し」の庭園と呼ばれることが多く、龍安
寺庭園と玉刈り込みの正伝寺庭園が知られてい
る。ここでは、その説が妥当かどうか、テーマの
意味と庭園構成を探っていきたい。

3)「虎の児渡し」の庭園

野村　虎が三子を生むと一子は彪で他子を食
い殺すので川を渡る時、まず彪を渡して向こう
岸に残す。続いて別の子を渡し彪を連れ戻し、
次に残りの子を渡し、最後に再び彪を渡すとい
うものだ。虎の親子に見立てた石組が見どころ
だが、南禅寺方丈庭園はその様な景色になって
いるとは思えない。

　私自身、数多くの庭園を見てきたが、この

【写-34】南禅寺方丈より庫裏と大日山を見る

【写-35】南禅寺庭園／左の3石組

【写-36】南禅寺庭園／右の3石組

【写-37】庭園中央の南禅寺に見立てた富士山石

テーマを納得させてくれるような事例に今のところ出会っていない。この庭園が「虎の児渡し」と伝わる説は、大小のチャートの石が親子の虎を想起させることと、御所の清涼殿を移築した方丈の玄関側の欄間に、虎の彫刻があることと思われる。古来、虎は魔除けとして度々玄関の建具に描かれた。

しかし、そのテーマで作庭したという解釈は少々無理がありそうだ。むしろ、西洋の遠近法を利用した2列直線配置のモダンな石組と見た方が妥当な所だろう。

京都五山の姿を写した石組は正面から見ることが多いが、改めて庭園東側の庫裏から眺めると、この角度からも美しいことに気付く。石組は左から右へと流れ白洲へ向かって下り、取り分け富士山石がしなやかに裾を下す姿は美しく、庭園が背後にある法堂の前景を兼ねていることがわかる【写-38】。

遠州がらみの仕事が多かった狩野探幽が描く「残山剰水」（ざんざんじょうすい）の障壁画そのものの構図がそこにあった。

同時期に完成したのは金地院庭園と南禅寺方丈庭園で、比重が重いのは将軍の来訪を予定していた金地院庭園だが、共に祝儀の庭園であり、2つの庭園は対であるといってもよい。

我国での蓬莱山は古来富士山とされており、

【写-38】法堂に向かって流れるような石組

【コラム-7. 残山剰水と遠州の庭園①】

中国山水画は北宋時代（平安時代中期）をピークとし、北宋山水画として尊ばれている。特徴は中央に高く量感のある山岳を緻密に描き、神仙が棲むような霊気が漂う世界を描いている。その代表的な画家は范寛・郭熙[10]であった。

その後、南宋時代（平安時代末期）に移ると山岳の表現は中心から退き、余白を大きくとる構図法の「残山剰水」が好まれた。「残山剰水」とは、「残りの山」、「余りの水」との意で、描かれた山水の一部から鑑賞者がその全体像を想い描くものである。

代表的な画家は馬遠・夏珪[11]で、「辺画の景」と称され大自然を対角線で切り取った部分を描く画法であった。雪舟の描法や構図は南宋画から学んだ所が大きく、常栄寺庭園、万福寺庭園などの一角に、その手法を見ることができる。

【コラム-8. 残山剰水と遠州の庭園②】

狩野派の山水画も南宋画の影響が大きく、遠州が関係する張り壁の「床の間」の片隅に描かれた狩野探幽の山水画もこれに倣う。さらに、遠州の庭園にもこの構図を見出すことができ、庭園と絵画の繋がりが具現化されていることが理解できる。

南禅寺方丈の庭園を東の庫裏側から見れば、典型的な残山剰水の景になっており、左の石組の景に対し、白洲の向こうに見える法堂との関係は床に掛けられた掛け軸の関係に似ている。

孤篷庵方丈右手前の「岬の石組」や、方丈の西（直入軒南庭）のような中央の赤土をたたき締めた大きな余白空間は、明らかに残山剰水の構成ともいえる。

遠州が関わったとされる大徳寺本坊の庭園や仙洞御所の州浜の構成も同様で、遠州の子政之が創建した長浜市小室にあるもうひとつの菩提寺、「近江孤篷庵[12]」の枯山水庭園でも余白の苔庭が目に沁みる、残山剰水の佳作といえる。

日本庭園には自然の一部を枠取りして見えない風景を鑑賞者に想像させ、大空間に見せる手法がある。この表現を残山剰水の手法と解説しているが、これをデザインコンセプトとして積極的に作庭に応用したのが小堀遠州である。

南禅寺方丈の富士山石は蓬莱山となる。金地院から飛び立った鶴は江戸に向かう前に、方丈の蓬莱山の上空を通るという、細やかな構図を描いた遠州の高級官僚ならではの気配りが、2つの庭園を見事に結び付けている。

戸田　方丈庭園は地味な印象を残すが、京都五山の上とするプライドを表現し、視覚調整の巧みさなど、見るべき美点が多々ある。方丈北側にある後年作の庭園も廊下から変化のある秀れた景観が展開するが、まずはじっくり南側の庭園を観賞してみたい。

8. 孤篷庵庭園

1）孤篷庵の歴史

戸田　遠州は大徳寺塔頭の龍光院[47]内に僧堂では兄弟子である江月宗玩[48]を開祖として、慶長7（1612）年に孤篷庵を建立した。それからほぼ30年を経た遠州64歳の時、隠居所を兼ねた菩提寺として現在地に移築。寺は一度焼失したものの間もなく復元され、現在の本堂（方丈）、書院は重要文化財に指定されている。齢60歳を越えた遠州の集大成ともいえる孤篷庵はどのような世界を表現しているのか、詳しく探っていきたい。

2）庭園のテーマ

野村　作事奉行として多くの建築や庭園の造営に携わった遠州だが、晩年自らのために、自らの好みのままに設計したのが孤篷庵であった。遠州は「大有」の道号を授かった時に、大徳寺山内の龍光院の敷地内に禅修行道場の草庵「孤篷庵」を開創した。「孤篷」とは遠州の故郷、琵琶湖に浮かぶ一艘の小舟のことで、庭園のテーマは琵琶湖に因んだ「近江八景」である。

遠州が孤篷庵を隠居の住まいとして暮らせたのは1647年に没するまでのわずか2年、没後はそのまま菩提寺となった。寛政5（1793）年の火

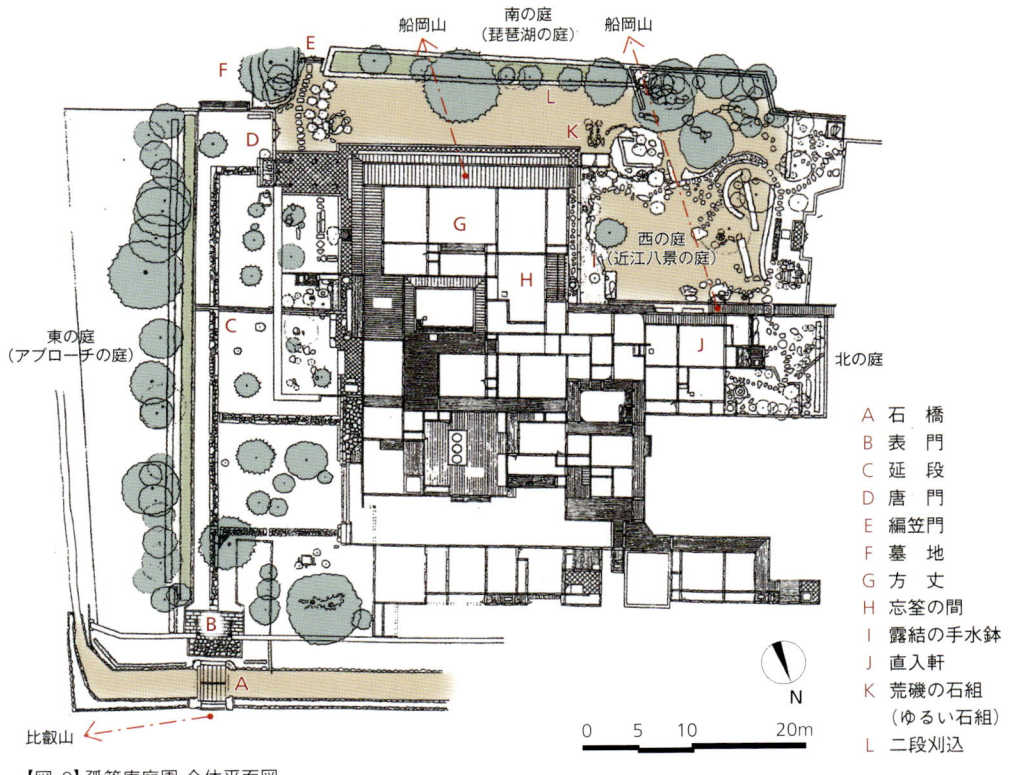

【図-9】孤篷庵庭園 全体平面図

A　石　橋
B　表　門
C　延　段
D　唐　門
E　編笠門
F　墓　地
G　方　丈
H　忘筌の間
I　露結の手水鉢
J　直入軒
K　荒磯の石組
　　（ゆるい石組）
L　二段刈込

災で焼失したが、遠州を崇敬する茶人の松江藩主、松平治郷（不昧）[49] が指図などに基づいて再建した。客殿は塔頭の霊雲院客殿を移築、庭園は作庭当時と概ね変わらぬものと考えられる。

戸田　小さな空間と思われがちの隠居所に「近江八景」という広大な水景のテーマを選んでいるが、庭園空間でどのような表現が可能だったのか。この庭園はアプローチ部が特に秀れているといわれており、そのシークエンスから見ていきたい。

3）庭園の構成

野村　方丈と書院からなる建物は4つの庭に囲まれており、琵琶湖畔の表情をそれぞれに見せている【図-9】。

　「東の庭」は入口の石橋を渡り表門から方丈へ入るアプローチ空間で、延段と刈込生垣が視線を奥へ奥へと導くシンプルな構成。長い延段の先に待合が見え、その手前を直角に右に折れ、玄関を潜ると左手奥に編笠門[50] が見え、その向

【写-39】孤篷庵庭園 東の庭（アプローチの庭）

【写-40】南の庭（琵琶湖の庭）

こうに歴代の墓所がある【写-39】。直角に折れるアプローチの場面転換は鮮やかで、リズム感よく並べられた切石の延段は心地良い緊張感を覚えると共に更に先へと歩みを促す。ここには桂離宮と同質の空気感が漂っている。

　「南の庭」は方丈の南に広がる湖畔を表わす長方形の庭で、正面奥の直線的な二段刈込は浜辺に打ち寄せる波の見立て。庭全体で浜と湖を表現、折しも都の薹の海に浮かぶ「船岡山[51]」を故郷の湖に浮かぶ苫舟に見立て借景としている【写-40】。

　「西の庭」は方丈の西庭であると共に「直入軒」の南庭でもある。ここでも「近江八景の庭」として故郷の風景を展開。「浮見堂」に見立てた雪見燈籠は本邦最古のものと考えられ、考案者は小堀遠州ということになる。「瀬田の唐橋」と言い伝えられている石橋や、西日除けの明り障子の下に近江富士を遠望する眺めは、茶室「忘筌」を御座舟に見立てたものである【写-41】【図-10】。

　「北の庭」の書院「直入軒」にある茶室「山雲床[52]」は遠州が好んだ龍光院の茶室「密庵[53]」を松平不昧が模したもので、これに倣う露地には「布泉の手水鉢」を置いている。

　取り分け生まれ故郷である、琵琶湖の岸辺の風景を表現しようとした遠州の心が、よく表れているのは4つの庭のうち「南と西の庭」である。

4）テーマの展開とシークエンス

戸田　孤篷庵はアプローチを含め4庭で構成されていることが分かった。各々の庭には様々な仕掛けがあるようで、「遠州と近江の景」の物語をさらに詳しく見ていきたい。

(1)アプローチ空間「東の庭」

野村　孤篷庵は空堀に架かる石橋を渡って門から入る。堀と石橋の設えは大名邸宅の構えで、大徳寺山内ではここにしかない【写-42】。橋の両袖には櫛形にした石の欄干があり、主人が出る折や、来客が訪れる折の身だしなみを促すための意匠かと思われる【写-43】。

橋に渡された矩形の切石を踏んで門に至ると、門の敷石は氷紋状の切石乱張。その先に続く長い延段は天然石の割石に短冊石が交互に走り、奥へと導く。次第にほぐれる導入部の意匠は真・行・草と変化、訪れる人の心を解きほぐす。孤篷庵の庭園は入口の石橋からすでに始

まっていることがよくわかる。

石橋を渡り延段を真っすぐに進み方丈へ至るアプローチは直角に右に折れる。角石は石橋の欄干と同じように内側を櫛形にカーブさせ、視線を優しく受け止めている。門から左に見える二重刈込生垣の内側は、丸みのある刈込みと

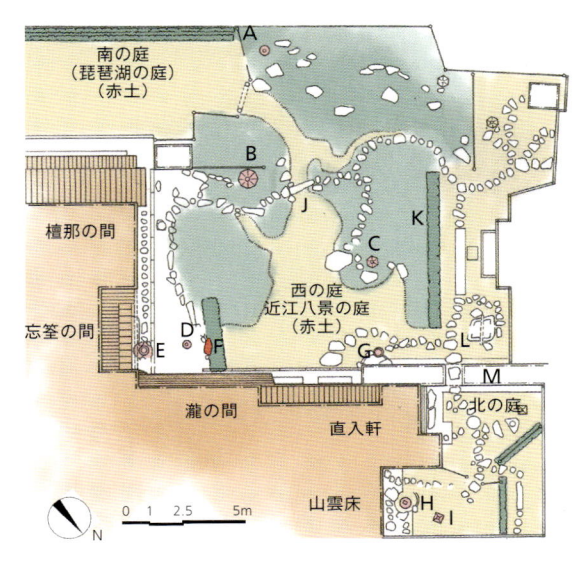

A 丸型十五重層塔
B 雪見燈籠
C 六角燈籠
D 寄燈籠
E 露結の手水鉢
F 富士石
G 鉢　前
H 布泉の手水鉢
I 織部燈籠
J 石　橋
K 生　垣
L 井　筒
M 歩　廊

【図-10】孤篷庵庭園 部分平面図

【写-41】西の庭（近江八景の庭）

【写-42】堀に掛かる石橋と表門

【写-43】欄干の下を櫛形に刳り抜いて軽く見せる

し、右手の庫裏と方丈が続く建築の堅い印象に対して優しく対応させている。

長い延段は途中でリズムを刻むように目地が横断するが、これは景色が間延びしないための工夫と見られる。桂離宮の「真の敷石」は7ヶ所に設けた目地で8分割されており、これを踏襲した意匠といえる。横断目地を奥の折れ点に近くなるに従い多くしているのは、スピードダウンを図る意匠だろうか。

絶妙なのは内玄関と方丈玄関の、ほぼ中央を横切る排水溝が直交する場面である。縦に走る延段と横に走る排水溝のラインが、表面水を処理する機能と美を同時に捌いており、意匠は写真から読み取って頂くしかないが、その手際は鮮やかの一言に尽きる。

また、排水溝は方丈の手前の土塀の下から始まるが、吐水口から一旦クランクして、延段からは露骨に見えない意匠となっている。慎みのある排水溝のデザインには他の例を見ないが、深い思慮が感じられる【写-44】。

(2)方丈の「南の庭」(琵琶湖の庭)

野村　孤篷庵の庵名は「南の庭」に由来している。篷は舟を覆う「苫（とま）」の意味、孤篷は草葺の屋根を持つ孤舟のことで、遠州自身になぞらえたもの。古の中国の官僚は引退後、画舫（がぼう）（遊覧船）と呼ぶ舟に乗り湖畔での隠遁生活を送ることを理想とした。蘇州の庭園に今もある石造りの画舫はそのような舟であった。

舟に見立てたその名も船岡山は、二重垣と松林を透かし借景として向こうに見えている。遠州にとって画舫といえる船岡山は侘しくもあるが、平安京においては「玄武（げんぶ）の山」であり、悠久の歴史の海に浮

この先に慎み深い景がある

【写-44】交差する排水溝と延段

丸型層塔　　　　　　　　　　　　　　　六角燈籠　　鉢前　　　　　直入軒　山雲床

【図-11】孤篷庵庭園 南北立断面図（作図＝野村勘治）

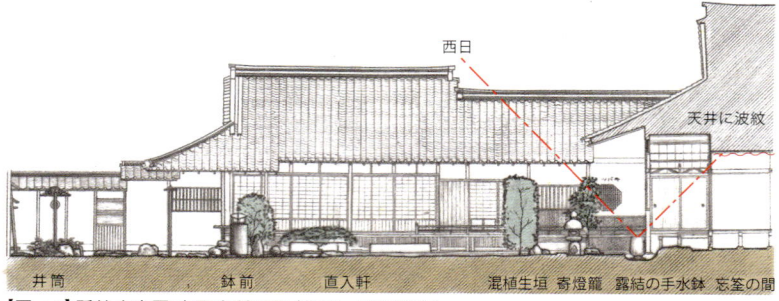

西日

天井に波紋

井筒　　　　　,　　鉢前　　　直入軒　　　　混植生垣 寄燈籠 露結の手水鉢 忘筌の間

【図-12】孤篷庵庭園 東西立断面図（作図＝野村勘治）

かんでいる。書院の右手前に、わずかに施した石組がさり気なく荒磯の景色をつくっているのは前述した【写-1】。

一般的に方丈前は白砂が敷かれるが、ここでは赤土に覆われている。白砂は社寺などの聖域で敷かれる地面の化粧材であるが、孤篷庵が寺院であっても住まいの佇まいを守っている証しが「赤土」といえよう。

(3)方丈の「西の庭」(近江八景の庭)

野村 南面する方丈の奥は客間で、金箔の襖には浜辺の松林が描かれ、そのまま西に広がる庭

の松と重なり、部屋の内外が一体となり庭へと視線は促される。部屋の間近にある雪見燈籠は日本最古のもので、庭園のテーマである「近江八景」に因む堅田の「浮見堂」がモチーフ。浮見(ウキミ)を雪見(ユキミ)とした命名者は不明だが、遠州一流の洒落と思いたい【図-12】。

ここより庭に下り軒内に一直線に打たれた飛石伝いに、北に隣接する茶室「忘筌の間」に向かう【写-45】。飛石伝いの軒内の露地は琵琶湖の浜道の見立て、幅広の縁石は単に軒内の縁石ではなく、遠州の強い意識が現れている。庭側に

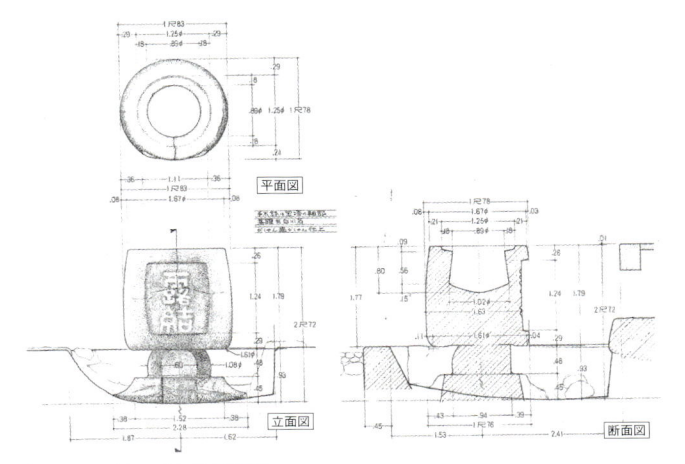

【図-13】露結の手水鉢 詳細図

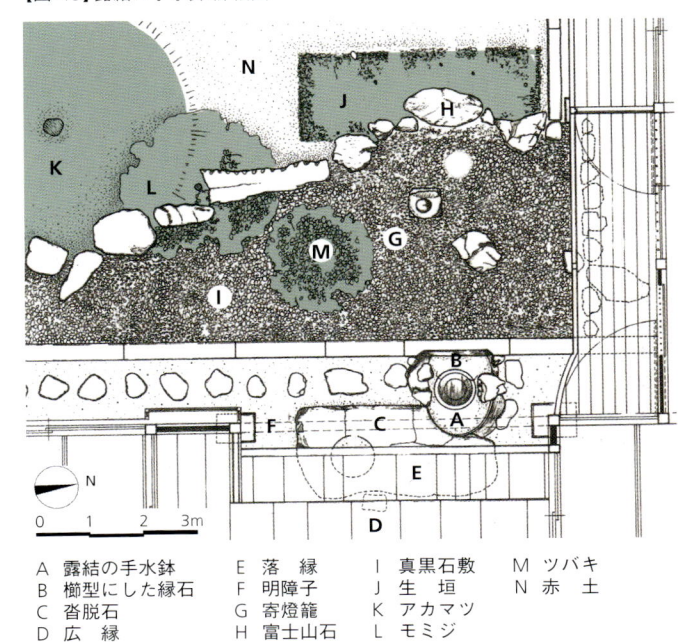

A 露結の手水鉢　E 落　縁　I 真黒石敷　M ツバキ
B 櫛型にした縁石　F 明障子　J 生　垣　N 赤　土
C 沓脱石　G 寄燈籠　K アカマツ
D 広　縁　H 富士山石　L モミジ

【図-14】忘筌の間　蹲踞 平面図

【写-45】「忘筌の間」に進む飛石と「露結の手水鉢」

【写-46】「忘筌の間」に入る沓脱石と縁

6cmの厚さでまかれた真黒石[54]は、その下にヌケ石[55]と呼ぶ艶消しの真黒石の霰敷<ruby>霰敷<rt>あられじき</rt></ruby>[56]を下地とするなど、見えないところにも遠州の目は光る。

飛石からのアイストップとなるのは腰高の「<ruby>露結<rt>ろけつ</rt></ruby>の手水鉢[57]」【図-13】。一見、立蹲踞に見せているが、縁側から蹲って使う蹲踞である。桂離宮玄関坪庭の手水鉢も遠州のアイストップの手法を踏襲しているが、使い勝手は立蹲踞であり根本的に異なる。

手水鉢の手前、縁側から「忘筌の間」に入るが、上部に掛かる「明障子」により自然に頭が下がり、「<ruby>躙<rt>にじ</rt></ruby>り口」から入る席入りの姿勢をさり気なく促す。この無言のメッセージのように、遠州の思うままに茶会は進行する【写-46】【図-14】。

「<ruby>忘筌<rt>ぼうせん</rt></ruby>の間」は広間の茶室で、先ほど入った障子の下に手水鉢、やや後方に<ruby>寄燈籠<rt>よせどうろう</rt></ruby>があり、その奥に富士山石がある。障子の下半分をガラスとする現代の雪見障子はここの景色から始まったもので、考案者は遠州といえる。

庭は枯山水で琵琶湖を表現、広間は苫船の内部に設定、赤土の水面はさながら夕日に染まる琵琶湖だろうか【写-47】。湖の苫船を遠景の「船岡山」で見せた南庭に対し、「<ruby>忘筌<rt>ぼうせん</rt></ruby>」の見立ては船内から湖を眺める設定で、場面の転換は鮮やかである。

奥座敷の「<ruby>直入軒<rt>じきにゅうけん</rt></ruby>」から眺める「西の庭」は、縁側をずらして釣殿風に見立て、出隅に手水鉢を置く。ここから見ると赤土の琵琶湖が広がり、遠くに「瀬田の唐橋」に見立てた石橋が低く架かる。

鉢前の背後、庭の中程に台座に乗った六角燈籠[58]が立つ【図-15】。この燈籠が笠の<ruby>蕨手<rt>わらびて</rt></ruby>をわざわざ割り欠いて「撫で肩」にしているのは、完成度の高い茶釜をあえて金槌で打って良しとした、利休のエピソードを想い出す。場面の設定は遠州の生誕地、長浜にからの眺めで、鉢前を前にして立つと故郷の、賤ヶ岳からの眺めと重なったであろう。

多くの名作を残した遠州だが、「直入軒」からの眺めは「住宅の庭」の心得として、「退屈であっても見飽きない」ことを教える。ちなみに、冬は霜柱で地表が荒れないように一面に敷松葉が敷かれ、濡れた時は赤い松葉がいっそう鮮やかで目が覚めるような景色となる【図-16】。

5）茶室「忘筌」の意味とデザイン

戸田　孤篷庵といえば「忘筌」といわれる程よく知られた茶室であるが、あまりに雪見障子だけの紹介が多すぎないだろうか。建物と庭園を結ぶ接点や手水鉢のデザインについても語っていきたい。

野村　まず、「忘筌」という名の意味を知らなけ

【写-47】「西の庭」を縁側から見る

ればならない。その名の由来は荘子の「魚ヲ得テ筌ヲ忘ル」で、「筌」は魚を捕る網である。「目的を達成すれば道具の存在を忘れる」の意味で、禅の悟りの境地とされる。遠州の働き場所は幕府であり、引退してすべてを忘れる午睡の理想郷が孤篷庵であった。

席の前に置かれた手水鉢の名前は「露結」で

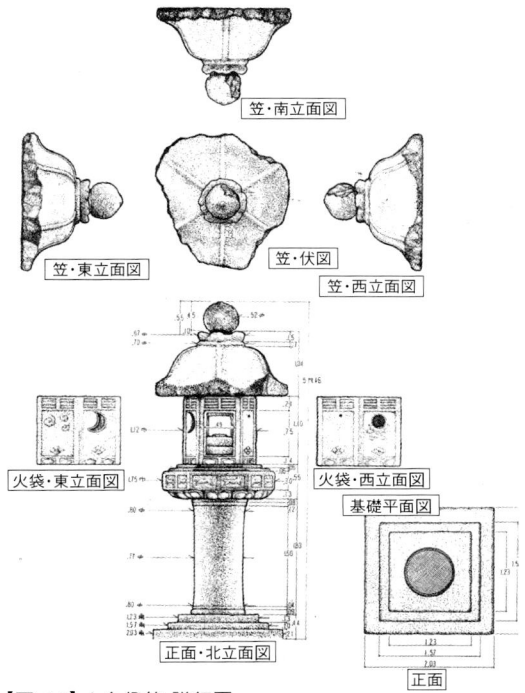

【図-15】六角燈籠 詳細図

兎の耳を指しており、これは「兎ヲ得テ蹄（ワナ）ヲ忘ル」となり、忘筌に続いて意味を繋いでいる。

「忘筌」は遠州好みの書院風の茶室で、9畳に1畳の出床、3畳の相伴席からなる12畳の広間で、1間幅の「床の間」を設けている。点前座の後ろにある壁の腰に「明障子」を嵌めて草庵風の景をつくった。庭に面して広縁を設けて、「明障子」の下半分を吹き放しとし、手水鉢と燈籠の簡潔な構成はよく知られている【写-48】。

「忘筌」の障子の発想は遮光への対策であった。部屋は西向きにつくられ、そこは庭があるが西日除けの壁は無い。一般的には通風と採光のために簾を垂らすが、ここでは障子としている。障子の和紙は光を拡散し、開けた状態より閉めた方が部屋は明るくなる効果もあり、「明障子」と呼ばれた。

部屋の両側の襖は白、「床の間」の張り壁の白紙、天井は胡粉を塗った砂擦り[59]の白。遠州好みの白の世界をつくり、色彩は茶道具と障子にトリミングされた庭だけで、緑が目に沁みる。

それだけではない。障子の真下にある「露結」の手水鉢に反射する西日は天井に波紋を映し、茶会の間中ゆらぎながら刻々と移動する変化が楽しめる。西日のデメリットさえメリットとする

【図-16】「西の庭」を構成する燈籠、石塔、飛石など。今では庭の中心にある巨大な塔の存在を知る人は稀である。（作図＝野村勘治）

遠州の鮮やかな手際は見事というしかない。

　茶室の多くは閉鎖的な空間だが、師の織部に倣う遠州の茶室は窓が多くめっぽう明るく、広間を草庵に見立てる工夫も見事である。飛石、手水鉢を一見では貴人使いに見せながら、侘の世界を巧みに織り込む技も見事で、招かれた客もその世界を堪能したであろう。

　直線と曲線を融合させるデザインも遠州の技法のひとつである。「露結」の手水鉢の背後で幅広い直線の縁石の内側をえぐる曲線は、石橋の櫛形に合わせたデザイン。幅広の縁石もこの意匠の為でもあったと思われる。その周到な仕掛けに脱帽するしかない【写-49】。

　橋の欄干を櫛形とし、直角に曲がる園路の角石も内側を櫛形、最後の縁石と手水鉢に銘を刻むための側面に櫛形を見せるセンスは、洒落た

映画のラストシーンがファーストシーンに戻る演出と同じである。遠州は露地を映画のように考えていたようで、同様の演出は後の桂離宮にも見られる。アプローチから露地にかけて散りばめられた桂離宮の筋違いの意匠は、松琴亭の市松模様のフィナーレによって完結する。その原型としてあるのが、孤篷庵の門から茶席に至るシークエンスだといってよいだろう。

6）遠州好みの石造美術

戸田　孤篷庵ではオリジナリティにあふれた石造美術を多く置いているが、その配置や形に遠州らしさは出ているのだろうか。

野村　日本庭園で使われる最もポピュラーな燈籠のひとつが「雪見燈籠」で、日本で初めてこの庭で使われた。既に述べたように近江八幡の

【写-48】「忘筌の間」より露結の手水鉢を見る

【コラム-9. 孤篷庵の石造物】

　寄燈籠のパーツは船岡山から運ばれたといわれている。船岡山は平安京の南北軸の基点にある玄武の山だが、平安中期以降は代表的な葬送地となり、山中には無縁仏の墓が多く残っていた。

　孤篷庵の主庭である「西の庭」と「北の庭」の「山雲庵」露地には燈籠と石塔を5基、手水鉢を3基配している。

　作庭時につくったのは「雪見燈籠」と、直入軒前の「布泉の手水鉢」で、他は古い墓石などの転用である。なかでも直入軒前の六角燈籠は基礎を角形に差し替え、笠の蕨手を割り欠くなど、あえて完璧な型（真）を外して、「行・草の見立て」によるデザインを試みている。

　他の石造品も単にエイジングだけを目的とするのではなく、侘びを尊ぶ遠州のメッセージが庭園や建築の随所に見られ、石造品の見立てや「使い勝手」がそれを物語っている。

堅田の浮見堂をモチーフにしてデザインしたもので、名称のように降り積もった笠の雪の風情を楽しむものとして据えられた。この燈籠は枯山水を含め水辺に据えることを今もセオリーとし、多くの庭園で用いられている。

また、本庭園には雪がチャボヒバに積もりボタンの花のように見せる演出もあり、故郷の長浜は雪国で遠州の雪景色への格別な想いを庭が語る。

「露結の手水鉢」が「明かり障子」のフレームの中に美しく納まるのは、縁を段落しに下げる工夫から生まれたもので、「庭屋一如⁶⁰⁾」の究極の景といってよい。手水鉢の字面側を櫛形に削り、飛石伝いからもさり気なく見せる演出にはそつが無く、「綺麗さび」の多くは無駄を省い

【写-49】露結の手水鉢の周囲を見る

【写-50】寄燈籠

【写-51】布泉の手水鉢を見る

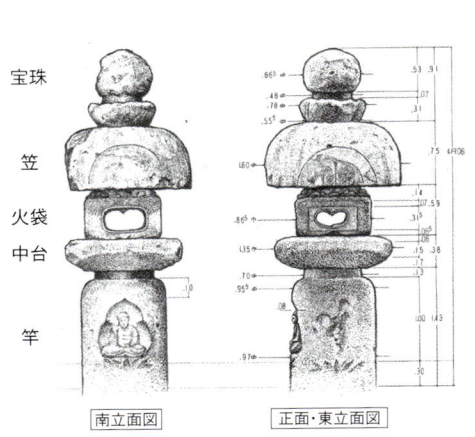

宝珠

笠

火袋

中台

竿

南立面図　　正面・東立面図

【図-17】寄燈籠 詳細図

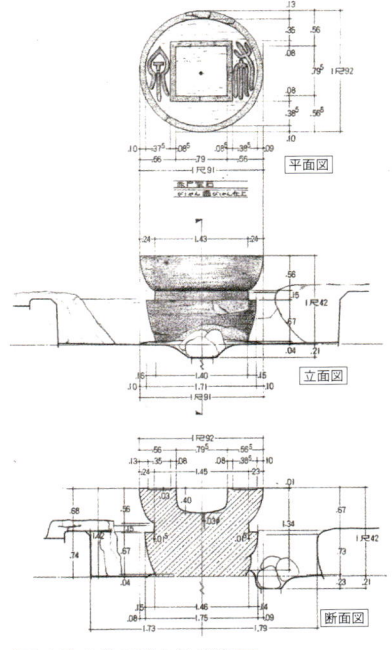

平面図

立面図

断面図

【図-18】布泉の手水鉢 詳細図

た機能美から生まれたものといえる。

「露結」の鉢明かりとなる「寄燈籠」はいくつかの墓石のパーツを集めてつくったもの。竿は宝塔[61]の塔身、中台は五輪塔[62]の火輪、火袋は宝篋印塔の台座をハート型に割り抜き、笠は五輪塔の水輪の半分。宝珠は五輪塔の風輪と空輪という構成で見事な創作になっている。

遠州は若い頃、頼久寺庭園で寄燈籠を座興で立てているが、孤篷庵は本気で試みており、五輪塔水輪を使った笠が特に素晴らしい。一般に寄燈籠はグロテスクだが、ここでは絶妙にバランスが良く、これ以外に考えられない程の存在感のある燈籠となっている【写-50】【図-17】。

龍安寺の「知足の手水鉢」と共に知られる「布泉の手水鉢」の布とは、中国古代の布貨に重ねたもので銭を意味している。遠州の「茶の心」が貨幣と同じく世間に流布されるように願う気持ちの、言文一致のデザインである【図-18】。さらに、水底から鉛管で壁裏の水桶と繋ぎ、逆サイフォンの原理を応用して噴水とした。

石材は前田家から贈られた加賀の名石「戸室石[63]」で、金沢では「御止め石[64]」と呼ばれ近世まで藩主以外は、用いることを禁じられた特別な石であった。なお、金沢城の見せ場の石垣や、兼六園の石橋は戸室石である【写-51】【表-7】。

戸田　孤篷庵を見ていくと、遠州の「綺麗さび」は単に綺麗ごとやシャープさだけでなく、人の感性や存在感に馴染むデザインとは何かを、丁寧に積み重ねた上に成立していることがわかった。一見、茫洋とした庭園に見えるが、遠州の侘を尊ぶ強い想いと、「もてなしの心」と共に、自己を慈しむ想いに満ちた孤篷庵庭園に、私たちが今も接せられるのは幸せなことである。

名　称	部　位	古材（材質）
寄燈籠 （忘筌前）	宝　珠	五輪塔、空・風輪（凝灰石）
	笠	五輪塔水輪（凝灰石）
	火　袋	宝篋印塔台座（泉砂岩）
	中　台	五輪塔火輪（白川石）
	竿	宝塔塔身（凝灰岩）
「露結」手水鉢 （忘筌前）	水　鉢	宝塔軸部（白川石）
	台　石	古寺柱礎盤（白川石）
立手水鉢 （直入軒鉢前）	（材質不明）	
六角燈籠 （直入軒前）	宝珠・笠	（近江・高島石）（蕨手欠損）
	火袋・竿・中台	（奈良石）
	基礎（角形）	宝篋印塔基礎（白川岩）
丸形十五重層塔 （方丈南庭西）	相　輪	（白川石）
	笠	（白川石）
	塔軸部	五輪塔水輪（白川石）
	台　座	古寺礎盤（白川石）
「布泉」手水鉢 （山雲床前）	水　鉢	（戸室石）
織部燈籠	移　設	（白川石）

【表-7】石造物の古材と材質

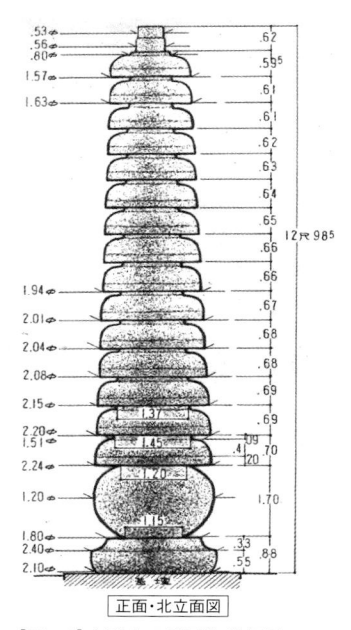

正面・北立面図

【図-19】丸形十五重層塔 詳細図

おわりに

野村　遠州の庭園は日本人が受け止めた美の世界を少しずつ変容あるいは発展的に磨きながら400年にわたって繋ぎ、大事に継承されてきた。そうした時間経過の中で日本人の自然観、庭園観は形成されてきたのである。

　その美意識は明治期の植治（小川治兵衛）にも、昭和期の重森三玲の庭園にも受け継がれてきた。遠州が残したあまりにも優れた遺産が、その後の作庭家たちに呪縛を掛けたところもあるだろう。しかし、遠州の庭園は明るく透き通っており、つくり出されたプロセスが見える庭園であるのは間違いないことである。

戸田　今回、小堀遠州を通じて現代に生きる私たちが、なぜ遠州の作品に共感を持ち、身近に感じられるのかを探ってきた。特別の才能と美意識を持った遠州が自分の立場と役割を理解し、プロデューサー、ディレクターとして自分の能力を惜しみなく出し続けたことに私は共感を覚えた。

　金地院庭園のきらびやかなコンセプトの具現化、南禅寺方丈庭園の富士山石の大胆さやユーモア、孤篷庵におけるしみじみとした追憶と細やかなディテール、どれをとっても心に響く景である。

　そういう遠州を突き動かしていたのは、人を和ませ喜ばせる優しい心、争いを避け調和を求める平和の心、故郷や友を想う人間としての温かさではなかっただろうか。

　今改めて、小堀遠州は私たちランドスケープアーキテクトにとって、憧れの人としてあり続ける存在であると、私は深く心に刻んだ。

【コラム-10. 気がかりだった石塔の意味】

　以前から気になっていた石造物があった。それは「方丈の庭」（南の庭）の西奥に僅かに見える層塔のことである【図-19】。層塔は直入軒の庭の最深部に建ち、本来は庭の主役と言ってもよい石塔だが、今は繁みの中で見えない。

　この層塔は十五重て高さ4mと破格の高さで、大名庭園でもこれに匹敵する大きさは兼六園にある海石塔ぐらいだ。平庭においては類例が無く、他の建造物に対しても著しくバランスを欠いている。それゆえか、周辺の緑が繁るにまかせ、いつしかフェイドアウトしてしまったと思われる。

　あらためて層塔を見ると、台座は寺院の礎盤て円形、塔身は五輪塔の円形の水輪。これらは古材を取り合わせたと思われるが、笠は積み上げた時に製作されたもので、やはり円形。庭内の石造美術は墓石を含め大半が円形であり、これは遠州の意向が投影されたものと考えられる。

　庭において、一般に層塔は山寺を表すとされているが、本来は戦場の跡などに鎮魂のために建立されることが多い。宇治川の中洲に建つ層塔は「源平の戦」の慰霊塔として知られている。

　「忘筌」「露結」と名付けた石造物は功成り遂げた晩年、助けてくれた人々への感謝の念を込めて命名したものと思われる。また、既に亡くなった秀吉、家康、利休、織部に加え天皇と、遠州には鎮魂を願わずにはいられない大恩のある別格の存在の人々がおり、破格の層塔にその願いを込めたといえる。

　蕨手を欠く六角燈籠と雪見燈籠は献燈を意味し、瀬田の唐橋は浄土への反橋とし、釣殿を遥拝所に見立てた鉢前の縁とすれば、どことなく三宝院庭園の泉殿から秀吉の祠に対する祈りの設えに似ている。

　遠州の鎮魂への思いは格別に深かったといえる。

| 第1章 | 龍安寺庭園の謎を解く

1) 作庭記 (さくていき)
平安中期に書かれた日本最古の作庭書。編者について確定した説はないが、橘俊綱とされている。平安時代から鎌倉時代初期につくられた庭園について、庭石、瀧、遣水の配置など作庭の技術を記載している。

2) 遣水 (やりみず)
庭園内に造られた曲がりの多い流れで、一般的に幅は狭いが、状況に応じて0.6〜1.2m幅とした。約束ごととして、水の流れは東から南を通って西に流すのを順流とし、西から東へ流すのを逆手とし、勾配は3%を理想とした。

3) 前期枯山水庭園
「作庭記」に書かれている枯山水で、本来水辺にあった石組が水辺を離れて、庭先の片隅、野筋、山畔に組まれた例を指し、中世の枯山水とは異なる。

4) 後期枯山水庭園
室町以後に確立した枯山水で、個々の建物や部屋に対応する庭で、水を用いず石組と植栽で山水画を立体的に再現した庭園。当初、庭は客間や住職の部屋の前につくられ、近世までは南の儀式空間に庭はなかった。

5) 夢窓疎石 (むそうそせき)
鎌倉時代末期から室町時代初期にかけての臨済宗の禅僧で天龍寺の開山。主著に「夢中問答集」があり、永保寺庭園、瑞泉寺庭園、天龍寺庭園、西芳寺庭園などが代表作。各々の庭の共通項は禅のコンセプトと橄と水音で室町時代の枯山水様式の成立に影響を及ぼした。

6) 三国一
日本・唐土(中国)・天竺(インド)の中で第一であること。世界一であること。

7) 龍門の瀧
龍門とは中国の黄河上流にあるという激流の「三段の瀧」で、鯉がこの急流を登り切れば龍となるという、登龍門伝説をモチーフにした庭園の瀧石組。三段の瀧でこれを暗示するが、一般的に瀧の下か中段に鯉魚石を立てる。

8) 須弥壇 (しゅみだん)
仏堂内で仏像を安置する台。須弥山をかたどったものといわれ、四角・八角・円形などの形である。

9) 三具足 (みつぐそく)
須弥壇の飾りとして左から花瓶、中央に香炉、右に燭台を並べた仏前必須の飾りの総称をいう。いつの頃からか香炉が亀、燭台が鶴になぞらえられたデザインが用いられた。

10) 栖雲寺庭園 (せいうんじていえん)
山梨県にある南北朝時代の1348年に開かれた寺院。天目山の戦いに敗れた戦国武将の武田勝頼が最後に目指した場所で、天然の巨石が涸沢に溜まり、須弥山や三尊石や鯉魚石に見立てられた天然の石庭である。

11) 書院式の建物
寝殿造が平安時代の住居形式であったのに対し、武家の

ための住居形式を「書院造」という。柱は角柱で部屋は畳敷き、襖、障子、杉戸などで部屋を区切っている。

12) 円融天皇
村上天皇の第五皇子で第64代天皇。円融院に住み風流文雅の生活を送った。

13) 朱山
龍安寺の背後の山で王山とも原山ともいわれ、里人は龍安寺山と呼んできた。後朱雀天皇円乗寺陵、後冷泉天皇円教寺陵、後三条天皇円宗寺陵、一条天皇円融寺北陵、堀河天皇後円教寺陵と後朱雀天皇皇后禎子内親王陵、円融天皇火葬所があり、これを龍安寺七陵という。

14) 一條天皇
第66代天皇で円融天皇の第一皇子。中宮は藤原道隆の娘定子と道長の娘彰子で一帝二后。定子、彰子に仕えたのが清少納言、紫式部である。

15) 堀川天皇
第73代天皇で白河天皇の第二皇子。文学、音楽に通じ、和歌、笙笛に巧みであった。父の譲位で8歳で即位した。

16) 徳大寺実能 (とくだいじさねよし)
平安時代後期の公卿で、現在の龍安寺に山荘を営んで徳大寺を建立した人。12代徳大寺公有の時、この山荘を細川勝元に譲り、勝元はここに龍安寺を建立した。

17) 浄土庭園
極楽浄土を再現するため阿弥陀堂と園池を一体的につくった庭園様式。

18) 御堂御所
「御堂」は仏教で仏を安置した堂、または寺。「御所」は本来在位中の天皇の平常時の住居。

19) 法金剛院 (ほうこんごういん)
京都市右京区花園にある律宗の寺。1130年、双丘寺・天安寺跡に待賢門院によって創建され、広大な園地で知られていた。女院肝煎の「青女の瀧」が今も遺る。

20) 北山殿
室町時代に三代将軍足利義満が京都北山に営んだ別荘。鹿苑寺金閣はその遺構で、舎利殿(金閣)、天鏡閣、護摩堂、懺悔堂があり、広大な庭とともに異彩を放っていた。

21) 待賢門院 (たいけんもんいん)
鳥羽天皇の皇后。崇徳・後白河両天皇の母親。

22) 瑞泉寺
愛知県犬山市にある臨済宗妙心寺派の寺院。開山は日峰宗舜。

23) 日峰宗舜
応永17(1410)年、人々の帰信を受けて瑞泉寺に住む。永享元(1429)年京都の妙心寺に移り、荒廃した伽藍を復旧。1447年、大徳寺に住むが、3日で妙心寺に建てていた養源院に帰る。

24) 無着庵
応永16(1409)年、京都妙心寺3世無因宗因が弟子の日峰宗舜に命じて春木郷末国(現御嵩町の中央部)につく

らせた臨済宗妙心寺派の寺。

25) 碧巌録（へきがんろく）

唐代の臨済宗の公案を集めた語録で宋代に全10巻100則を選んだ。中国、日本で何度も刊行され、参禅弁道のための宗門第一の書として価値が高い。

26) 細川持之

(1400-1442) 年、室町幕府14代管領で父は細川満元。

27) 澤田天瑞（さわだてんずい）

名古屋を中心に活動した作庭家で庭園研究家、農学博士。特筆すべきは名園のテーマについての研究で日本庭園の研究領域を拡げたといえる。野村勘治のテーマについての考察は澤田氏の研究をベースとし、実測による空間的考察などを加え発展させたものであり、コンセプト研究の師である。

28) 勧請開山（かんじょうかいざん）

寺院を創始した僧侶自身が師への尊崇の念から自らではなく師を開山とすること。

29) 創建開山

実際の創始者である僧侶を指す。

30) 関山慧玄（かんざんえげん）

(1277-1360) 年、南北朝時代の臨済宗の僧。師大応国師の推挙により、建武4 (1337) 年妙心寺開山となる。

31) 寺基（じき）

先祖の位牌や仏像など寺にとって大事なもの。

32) 特芳禅傑（とくほうぜんけつ）

室町時代の臨済宗の僧、龍安寺の住職となる。大徳寺46世住持、妙心寺10世住持を務め、妙心寺4派のひとつである霊雲派の開祖となる。

33) 中興開山

一旦衰えた寺院を再び盛んにした僧侶のこと。

34) 蔭涼軒日録（いんりょうけんにちろく）

相国寺鹿苑院蔭涼軒主の公用日記。五山内部の状況のほかに、室町幕府の動静についても記録されている室町時代の重要書類史料。

35) 相阿弥

室町時代の画家。足利義政の同朋衆となり、書画・骨董の管理にあたり、唐物の鑑定と座敷飾りの秘伝書「君台観左右記」を編纂した。水墨画にすぐれ、北宗画に日本風を加味。代表作に大徳寺大仙院「山水襖絵」などがある。

36) 黒川道祐（くろかわどうゆう）

江戸時代前期の儒医で儒学を藤原惺窩に、医を曲直瀬生純に学び、広島浅野家、尾張徳川家に仕えた。歴史に造詣が深く、後に幕府に仕え「寛永諸家系図伝」を編纂した。

37) 雍州府志（ようしゅうふし）

京都の地理、沿革、寺社、風俗、産物、古跡、陵墓について書かれた地誌。黒川道祐は完成後も出版まで加筆訂正を行った。

38) 百井塘雨（ももいとうう）

江戸時代中期の旅行家。紀行「笈埃随筆」で知られる。

39) 笈埃随筆（きゅうあいずいひつ）

日本列島の南端から北端までを巡って記録した紀行文で12巻が残されている。

40) 秋里籬島（あきさとりとう）

江戸中後期の京都の俳諧師で著述家。「都名所図会」、「大和名所図会」、「東海名所図会」などを表す。「都林泉名勝図絵」からは庭園に深い関心を持っていたことが伺われる。後年、「石組園生八重垣伝」、「築山庭造伝」など作庭書の著述に力を注ぎ、造園技術の普及に功績があった。

41) 都林泉名勝図会

京都の庭園や名勝の挿絵入り案内書で、描かれた庭園は約90庭。高名なものはおおむね網羅するが、桂離宮庭園などの皇族関連庭園や、醍醐寺三宝院庭園のような門跡寺院の庭園は含まれていない。

42) 背山臨水（はいざんりんすい）

山を背後にして前（南）が池や流れとなるような土地、または配置のこと。古代の中国で風水の思想から生まれた。

43) 按山・輔山（あんざん・ほざん）

『碧巌集方語解』によると中国で宮城・邸宅を造営する時には、北に高い山、南には低い山があって、北の高い山に続きそれを輔ける山がある所がよい場所とし、それぞれ主山・按山・輔山と呼んだ。

44) 勅使門

勅使が寺院に参向したとき、その出入りに使われる門。

45) 土岐政房（ときまさふさ）

戦国時代の武将で美濃守護を務めた。

46) 臥龍石

愚渓寺の場合、臥して横たわる龍の姿を表現した石組の名称で、移転後の臥龍石は3〜4石が象徴的に点在するのみである。

47) 大珠院

臨済宗妙心寺派大本山・妙心寺の塔頭。戦国時代の1493年に妙心寺22世・興宗宗松が創建した。当初大珠寺と呼ばれていたが、その後龍安寺の境内に移り、石川重正が、父・石川貞清の菩提の為に再興した。

48) 法堂（はっとう）

禅寺で住持が修行僧に教えを説き、指導する建物。径山様式の直列式伽藍の場合、仏殿の後方にあり伽藍の中心的な存在で、他の宗派では講堂と呼ばれている。

49) 飛龍（ひりゅう）

空を飛びまわるという龍のこと。

50) 常栄寺庭園

山口市にある庭園で、「雪舟庭」の俗称があるように、画僧雪舟の作庭といわれているが確証はない。庭園は現在の本堂のすぐ北の枯山水と、さらにその北の池庭が連続

した空間として構成されている。

51) 三尊石組
庭園の石組を三尊仏のように組んだもので、中央に大型の石、左右にやや小型の石を立てる。中央が中尊、左右に脇侍を配する三尊仏を3石で表現したもの。

52) 脇侍石 (きょうじいし)
脇侍は仏教彫刻や仏教絵画において、中尊の左右に控える菩薩や明王などをいう。

53) 不立文字 (ふりゅうもんじ)
禅宗の基本的立場を示した言葉。言葉から離れて座禅などで釈迦の悟りを直接体験、文字に頼らず実感することをいう。教外別伝と対語。

54) 教外別伝 (きょうげべつでん)
禅宗で悟りとは言葉や文字で示せるものではなく、禅の教えも別の例えで伝え直感力を養い、何事も自分の努力で体得して、仏の心を直接受け取り自分のものにすること。不立文字と対語。

55) 薬師浄土
阿弥陀如来の来世を約束する西方浄土に対して、薬師如来の浄土は現世を救う東方の瑠璃光浄土である。

【コラム】

1) 南浦紹明 (大応国師)
(なんぽしょうみょう／だいおうこくし)
(1235-1308)年、鎌倉時代の臨済宗の僧で、建長寺で蘭渓道隆に学んだのち、宋に渡って虚堂智愚の教えを継ぎ、臨済宗発展の基礎を築いた。

2) 宗峰妙超 (大燈国師)
(しゅうほうみょうちょう／だいとうこくし)
(1282-1337)年、鎌倉末から室町時代にかけて活躍した臨済宗の僧、大応国師の後継者で大徳寺の開山。妙心寺開山の関山慧玄の師。三師の流派を総称して応燈関という。

3) 拙堂宗朴 (せつどうそうぼく)
臨済宗の僧侶で妙心寺の6世住持を務めた。

4) 天智天皇陵
7〜8世紀ころに築造された、山科盆地北辺の南向きの傾斜面に位置する八角墳で、「山科陵」とも呼ばれている。考古学的には御廟野古墳という名の古墳。

5) 如意ヶ岳
京都東山に存在する山。標高472mで、山頂は京都市粟田口如意ヶ嶽町。五山の送り火の筆頭で、大文字山として知られている。現在も山中には信仰の対象となる施設が多い。

6) 只管打坐 (しかんたざ)
「只管」はひたすらという意味。悟りを求めたり想念を働かしたりすることなく、ひたすら座禅すること。公案(問答)の臨済宗に対し、曹洞宗の禅は只管打坐である。

7) 仁和寺
京都市右京区御室にある真言宗御室派の総本山。888年宇多天皇が建立した。京都で最後に咲く矮性の御室桜で知られる桜の名勝で市民に親しまれている。

8) 八幡源廟 (やわたみなもとびょう)
石清水八幡宮にあり源氏の氏神とされ、皇室をはじめ公家・武家の信仰が厚い。

9) 男山
京都府南部、八幡市の西方で生駒山の最北部にある海抜143mの小さな丘。山頂に石清水八幡宮がある。

10) 老子道徳経
中国の春秋時代の思想家老子が書いたと伝えられる書。上下2篇に分かれ、上篇(道経)は「道の道とすべきは常の道に非ず」、下篇(徳経)は「上徳は徳とせず、是を以て徳有り」で始まる。

｜第2章｜鶴亀石組の意味と表現

1) 神仙蓬莱思想 (しんせんほうらいしそう)
神仙思想は不老不死、永遠の生命を求める思想で、蓬莱・方丈・瀛州ともに三神仙島とされた。蓬莱とは不老不死の仙人が住む理想郷で、蜃気楼から生まれた蓬莱島伝説は巨大な亀が背負うとし、亀の対の霊獣は四神相応の朱雀を鶴に替え仙人の乗り物とした。日本庭園ではこれを石組で表現し島とした。室町時代から江戸時代に流行した蓬莱庭園や鶴亀の庭の基盤にこの思想がある。

2) 武帝
中国、前漢の第7代皇帝。

3) 陰陽和合
陰・陽二気の相互作用によって、万物が生成されることから「陰陽」は中国古代の思想で天地の間にあり、互いに対立し依存し合いながら万物を形成している。和合とは調和すること。

4) 四神相応 (ししんそうおう)
中国の漢代以降、東西南北の守護神とされた4種の神獣。東に青龍、南に朱雀、西に白虎、北に玄武(亀)を当てる。地形は東に流れ、南に凹地及び池。西に道、北に山で構成。

5) 対の概念
互いに対照的な要素を持ち、一方が言及される場合には自ずと他方の存在が前提される関係の概念。

6) 俵屋宗達
江戸時代の画家で、代表作は「風神雷神図屏風」、「蓮池水禽図」。

7) 尾形光琳
江戸中期の画家。大和絵をさらに革新して大胆華麗な装飾画風を大成、琳派と呼ばれる。代表作は「燕子花図屏風」、「松島図屏風」、「紅白梅図屏風」。

8) 方池円島 (ほうちえんとう)
「方池」は古代インドに始まる正方形または矩形の池で、中央に円形の島を浮かべる。方形を地とし、円形を天と

する宇宙観が中国で加わり、方池円島の庭が生まれ、日本には百済を経て伝わった。円島には景石以外に松・柏・柳が植えられた。一般的に護岸の四辺は花崗岩の切石積みで、一辺の中央に方池にせり出した亭が設けられる。

9）阿智神社（あちじんじゃ）

倉敷の町の総鎮守となる神社で、美観地区の鶴形山の上に鎮座している。海上交通の守護神である宗像三女神を祀ったと考えられている。境内には鶴亀様式と呼ばれる古代庭園がある。

10）磐境（いわさか）

上古において石を神として信仰し、自然の中に神の鎮座する場所を見つけ祭祀を行った。円形または列座させて神聖な祭祀の場所をつくったもので、一般的な祭祀の神籬（ひろもぎ）に該当し神域を表す。神事において注連縄（しめなわ）で囲ったエリアなどが代表例。

11）依代（よりしろ）

神霊が現れるときに宿ると考えられているもの。樹木・岩石・御幣（ごへい）・動物など種類が多く、神霊に代わって祀られる。

12）磐座（いわくら）

上古において石を神として信仰の対象となる山の頂上付近などにある巨石群であることが多く、京都・松尾大社、丹波・石像寺などが代表例。

13）白砂青松（はくさせいしょう）

白い砂浜と青い松がつらなる海岸の美しい景色のこと。

14）影向石（ようごういし）

神仏の来臨を象徴的にあらわす岩盤の露出部分や景石で、磐座の一種。

15）舟遊式庭園（しゅうゆうしきていえん）

平安期を中心に発達した、池中を舟遊しながら移り変わる景色を楽しみ、楽団を乗せて音楽を楽しむ庭園の形式。代表的な庭園として京都・嵯峨大沢の池、平泉・毛越寺庭園がある。

16）寝殿造り

平安以降の貴族のための住居形式。中心になる母屋を「寝殿」と呼び、南に面して中島を浮かべた池のある庭園を持つ。南面した寝殿を中心に東西北の三方に対の屋を置き廊下で結ぶ。さらに各々の対屋より渡廊を池に延ばし泉殿や釣殿を配した。

17）書院造り

武家のための住居形式。玄関・襖障子により仕切った部屋に畳を敷き、座敷飾として付書院・床・棚を設けた。今日の一般住宅の源流をなすもので、各々の部屋に対応する庭造りが始まった。

18）唐様建築

日本の伝統的な建築様式のひとつで禅宗様ともいう。鎌倉時代に禅宗とともに日本に伝わった中国北宋系の建築様式で、代表例は鎌倉の円覚寺舎利殿。

19）等持院

京都市北区等持院北町にある臨済宗天龍寺派の寺。

1341年夢窓疎石を開山として足利尊氏が創建。足利尊氏の宝篋印塔（ほうきょういんとう）（墓）と共に、代々の足利氏の位牌と将軍の木像を祀る。

20）宝篋印塔（ほうきょういんとう）

宝篋印陀羅尼（だらに）を納める塔。方形の基礎・塔身・蓋からなり、蓋の上に相輪を立てる。蓋の四隅に隅飾り突起がついているのが特徴で、蓋の構成は須弥山を表すという。

21）御幸（みゆき）

天皇・上皇・法皇・女院の外出を指し、行幸ともいう。

22）後小松天皇

（1377-1433）年、後円融天皇の皇子で、一説には一休宗純の父。

23）満済准后（まんさいじゅごう）

真言宗醍醐寺座主、三宝院門跡。将軍護持僧で足利義満・義持（よしもち）・義教三代の信頼が高く、幕政に深く関与し黒衣の宰相と称された。

24）萬福寺

島根県益田市に所在する石見国守の益田氏の菩提寺。仏殿東にある書院の北側に広がる庭園は雪舟作と伝えられている。

25）亀石坊

英彦山の中腹にあり、雪舟は明から帰国後、豊後の山中に画室「天開図画楼」を開き近くの英彦山に一時滞在して庭をつくったという。庭の中央に亀の甲羅に似た岩盤があり名前はこれに由来し、これを中心に庭はつくられた。

26）御影堂

祖師などの姿を絵や図像及び木像などによって写した御影を安置した堂。

27）千鳥破風

屋根の切妻の上部にある装飾あるいは換気・採光のために設ける三角形の破風。

28）白蓮華（芬陀利華／フンダリケ）

白い蓮の花のことで特に、極楽浄土に咲く白い蓮をいう。

29）大通寺・含山軒

大通寺客室に附属する茶室は伊吹山を借景とし、これに由来して含山軒と呼んだ。含山軒の前庭は枯山水だが降雨時には池庭となり、亀島が水に浮かび蓬莱山の伊吹山を背負う構成となるが、芬蛇利華（ふんだりけ）に乗る亀でもある。一の間には狩野山楽の山水画、二の間にはその子が描いた山雪の山水画がある。

30）芬陀院（芬陀利華院）

京都・東福寺の塔頭のひとつで別名雪舟寺で知られており、蓬莱山を背負う亀島を中央に置く。鶴亀の庭が雪舟（鶴石組は重森三玲が復元）の作だと言い伝えられてきた。室町時代の枯山水庭園の雰囲気に満ちている。

31）義演

（1558-1626）年、安土桃山～江戸時代初期の真言宗の僧。醍醐寺に入り、その再興につとめ座主となる。さらに

豊臣秀吉の援助をうけ、大僧正・准三后に進み、三宝院の庭園を今の姿に改造した。著書に「義演准后日記」がある。

32）賢庭
安土桃山時代から江戸時代初期の庭づくりのプロフェッショナルで生没年不明。秀吉配下の庭師といわれ、とりわけ石組は天下一といわれている。「賢庭」は後陽成上皇からの作庭の名手としてさずかった号と言われている。

33）豊国稲荷明神
醍醐三宝院の三尊石組の斜め後ろにある秀吉をまつるために建立されたもの。もともとは、秀吉を神格化した豊国大明神として祀られていた。

34）焔魔天（えんまてん）
閻魔王のことで、仏教を守る十二天のひとつとして南方の守護神とされている。水牛に乗り、左手に人頭の幢を持っている。

35）天下の三棚
すぐれた意匠で著名な違い棚で、醍醐寺三宝院の醍醐棚、修学院離宮の霞棚、桂離宮の桂棚をいう。

36）花見御殿
豊臣秀吉によって建てられた御殿で、醍醐山の中腹にあたる槍山にあったとされ、桜を一望することができたといわれている。

37）純浄観
慶長3（1598）年に豊臣秀吉が行った醍醐の花見に建てられた建物を三宝院に移築したものと伝えられている。屋根が茅葺の入母屋造の建築。

38）金地院崇伝（こんちいんすうでん）
以心崇伝（1569-1633）年のこと。江戸初期の臨済宗の僧で、僧侶にして政治に関わり、徳川幕府の成立に深く関与した。そのため「黒衣の宰相」と呼ばれ、禅宗寺院を統括する最高職に就いた。

39）東照宮
国の重要文化財。京都唯一の権現造りで日光同様の鮮やかな彩色が施されている。小堀遠州が関わった数少ない遺構のひとつ。

40）斎藤忠一
作庭家で重森三玲に師事。「日本庭園史体系」において、桂離宮や修学院離宮など全国の日本庭園の新規の実測調査を指揮した。「日本庭園鑑賞事典」、「図解日本の庭」など著書が多数ある。

41）遠山石（えんざんせき）
築山や山畔に瀧などをつくったときにその上部に据えられた石。立石を高く立てて遠近感を出した。

42）姫街道
江戸時代、東海道の脇往還の一つで、女性の通行が多かったことからこう呼ばれている。

43）井伊谷宮（いいのやぐう）
静岡県浜松市北区にある神社で以前は八幡神社だった。

後醍醐天皇の第四子で南北朝時代に征夷将軍として関東各地を転戦した宗良親王の陵墓が隣地にあり、明治なると八幡神社を廃し親王を祀るようになった。

44）近藤貞用（こんどうさだもち）
（1606-1696）年、江戸時代初期の旗本の武士で後に隠元禅師の日本残留に努め、隠元禅師から法名「語石居士」を賜り「黄檗宗」の篤い信者となる。初山宝林寺を建立した。

45）初山宝林寺（しょざんほうりんじ）
浜松市の奥浜名湖エリアにある、「浜名湖　湖北五山」の一つ。黄檗宗の開祖である隠元禅師とともに来朝した明の僧独湛禅師が、近藤貞用の尊崇を受け、寛文4（1664）年に近藤家の菩提寺として開創した黄檗宗の寺院。

46）黄檗宗
曹洞宗、臨済宗と並ぶ日本三禅宗のひとつ。本山は京都・宇治の黄檗山万福寺で、1645年明の隠元によってもたらされた。

47）隠元隆琦
（1592-1673）年、中国福州万福寺より渡来、江戸前期の禅僧で、黄檗宗の開祖。万治3（1660）年将軍家綱から宇治に土地を与えられ、黄檗山萬福寺を創建した。

48）独湛（どくたん）
（1628-1706）年、黄檗宗の開祖である隠元禅師と一緒に来日し、黄檗山萬福寺の創建を助けた。近藤貞用の招請で初山宝林寺を創建した。

49）麟祥院
東京都文京区湯島にある臨済宗妙心寺派の寺院。徳川家光の乳母として知られる春日局の菩提寺。京都にある妙心寺の塔頭・麟祥院も徳川家光により春日局の菩提寺として建立された。

50）長浜八幡宮
滋賀県長浜市宮前町にある神社。平安時代に創建された神社で、戦国時代には荒廃したが豊臣秀吉によって再建された。八幡宮の境内にある「長浜八幡宮放生池」は、桃山時代の再建時につくられたとされる池泉廻遊式庭園で、中島にある都久夫須磨（竹生島）神社を囲んだ石組は鶴亀と蓬莱山が合体したものである。

51）山田宗徧（やまだそうへん）
江戸時代前期に徳川将軍や大名にお茶を指南した人物で、小堀遠州に茶道を学んだ茶人。千利休の孫である宗旦の皆伝を受け、明暦元（1655）年、現豊橋市の吉田藩小笠原家に茶道で仕え、元禄10（1697）年に江戸で宗徧流茶道を興した。

52）養浩館庭園（ようこうかんていえん）
数寄屋造りの御殿のある林泉廻遊式庭園で、江戸時代初期から中期を代表する庭園で福井市の市街中心部にある。かつては福井藩主松平家の別邸で、江戸時代には「御泉水屋敷」と呼ばれていた。

53）正真木
日本庭園の景色の中心になるように植えた主木のこと。

松をはじめとして常緑樹を用いることが多い。

54）極相林

群落遷移の最終段階。その地域の気候条件に適応し、長期にわたって安定した状態に達した段階で、適温・適湿の地では陰樹を中心とした林となる。

55）日想観

西に沈む太陽を見て、西方極楽浄土を想い浮かべる修行。

56）吉河功（よしかわいさお）

日本庭園研究家、作庭家。京都で重森三玲に師事し実地を学ぶ。日本庭園研究会会長を務める。

57）瀧行

瀧で水に打たれる修行。

【コラム】

1）足利義晴

（1511-1550）年、室町幕府12代将軍で義澄の子。細川高国に擁立されて将軍となったが実権はなく、三好氏らの反乱に合うなどしばしば近江国に逃れた。

2）細川高国

文明16-享禄4（1484-1531）年、室町後期の武将で、管領細川政元の養子。足利義稙を迎えて実権を握ったのち、足利義澄の子義晴を将軍とし管領となったが、三好氏に追われ尼崎で自刃した。

3）曲水の宴

3月の上巳、後に3月3日（桃の節句）に流盃渠や流れの前に座り、上流から流された盃が手元にくるまでに詩歌をつくり、盃の酒を飲んだ中国起源の遊宴。

4）須弥山

仏教の世界観による想像上の山で、九山八海の中央にそびえ立っている。

5）旧玄成院庭園

国指定史跡「白山平泉寺境内」の中にある国指定名勝庭園で、細川高国の作庭によると伝えられている。享禄4（1531）年の作庭で、現存する庭園では北陸で最も古いとされている。一面苔に覆われた苔庭で建物前は平庭で枯滝石組、鶴島・亀島などで構成している。

6）北畠神社

三重県津市美杉町にある神社で、北畠親房・顕家・顕能をまつる。庭園は顕能より6代後の晴具の娘婿、細川高国がつくったと伝えられている。「米字池」と呼ばれる池は、出入りの多い複雑な形の護岸石組で枯山水の集団石組は早来迎の阿弥陀と菩薩の群像と思われる。

7）早来迎（はやらいごう）

阿弥陀来迎図の一種。如来と聖衆が向かって斜め右下に立姿で来迎する図。雲の尾を長くひき、速度感を描いたのが特徴。

8）渦巻き式石組

東部築山がゆるやかに起伏するあたりに組まれた、集団石組による枯山水があり、中央に尖った巨石（孔子石）と、周囲にらせん状に石が配されている。これを上から見ると渦巻状に点在しているように見える。

9）朝倉敏景

（1428-1481）年、室町時代の武将で教景、さらにそのあと孝景と名乗った。斯波家の三老臣の一人。

10）白山

石川・岐阜両県境にある火山で、最高部は御前峰で海抜2702m。水神・竜神・死霊などのこもる山として崇敬され、白山を祭る神社を登山口とした。

11）金亀山（こんきさん）

彦根山のことで、奈良時代に藤原房前が、金亀に乗った観音像を本尊とする寺を建立したことに由来し金亀山と呼ばれるようになった。

12）写し

書画など基準となる作品や原物をなぞらえ、形状や模様や図柄などを真似してつくったもの。写しの元となった実物は、和歌の本歌取りにならって本歌と称される。

13）五老峰

中国江西省の世界遺産に登録されている名山廬山は中国仏教第一の聖地で、代表的な名峰の五老峰は五つの岩峰が並ぶ山で、一番高い峰は海抜1436ｍである。五人の老人が座っているように見えたことから五老峰という名前がついた。

14）奉書紙（ほうしょし）

コウゾを原料とする和紙。しわがなく純白で上質な紙で加賀藩の物産を代表するものが加賀奉書と呼ばれる和紙である。

15）姫小松

ゴヨウマツの別名。

16）榊

神域に植える常緑樹の総称。また、神事に依代として用いたり、神域に植える木で主として常緑樹のサカキ、ナギ、タブなどである。正月の松も迎春の榊である。

17）獅子林庭園

蘇州4大名園の一つで、元代の園林の代表。園内には石山が林立し、多くは獅子のような形をしていることから「獅子林」と呼ばれている。1342年に臨済宗の菩提正宗寺が建立され、その当時に庭園がつくられた。

18）九山八海石（くせんはっかいせき）

仏教上の理想世界である須弥山を中心にして、その周りを8つの山と8つの海で取り囲まれているとするためこの名がある。一石または数石で岩島としたもので、よく知られているのが鹿苑寺庭園の鏡湖池にある九山八海石である。

19）医光寺庭園

島根県益田市にある雪舟作の庭園

20）煎茶の庭

中国趣味の庭で日本では、文人が好んで作庭した。野

趣、自然風に富んだ庭づくりで、中国南部福建省から渡来した隠元一行の趣味もあり、シュロ、バショウ、竹などの南国風の植栽が見られる。

▍第3章▍小石川後楽園の3つのテーマ

1) 廻遊式庭園
公家・武家・僧侶などの間で、茶事や宴を催す社交の場として江戸時代に成立した庭園様式。庭園に池泉を設け、池泉に沿って園路を歩きながら変化する風景を楽しんだ。

2) 特別名勝
国が文化財保護法で指定した名勝のうち、特に価値の高さが認められたもので国宝と同格。

3) 徳川御三家
徳川将軍家の一族で、家康の第9子徳川義直の尾張藩、第10子の徳川頼宣の紀伊藩、第11子の徳川頼房の水戸藩を指す。

4) 水戸頼房
(1603-1661) 年、初代水戸藩主で父は家康。3男光圀に家を譲り、長男頼重は高松藩主となった。

5) 上屋敷
「居屋敷」の名であり、地位の高い大名・武家が平常の住居とした屋敷。

6) 小日向上水
神田上水を幅三間の流路で引き入れた上水で、大泉水の水脈である。

7) 蓬萊島 (ほうらいとう)
古代中国では東海の遥か彼方に、不老不死の神仙が棲む群島が浮かぶという仙境のひとつ。漢の武帝は庭に蓬萊・方丈・瀛州・壺梁の4島を浮かべ、隋の煬帝は壺梁を除く3島を浮かべた。

8) 謡曲
能の台本のこと。古来の日本と中国の詩文を受け継ぎ発展させた文学世界が展開するが、昔の文章であるため読みにくい。

9) 橋掛かり
能舞台で「鏡の間」から本舞台に向かって斜めにかけられた勾欄のある通路。役者の登場・退場のほか、舞台の一部としても使われる。

10) 光圀
(1628-1700) 年、江戸前期の水戸藩主。寛永10 (1633) 年、6歳の時、世子として江戸小石川邸に入り、寛永13 (1636) 年、9歳で元服して光国と名乗り後に光圀と改める。13歳で従四位上近衛権中将に、その年に従三位に昇進した。これを契機に父の頼房は不良少年であった光圀に本格的な教育を行おうとした。光圀は天保2 (1645) 年、18歳の時、「史記」を読んで感銘、以後学問に精を出し、「大日本史」の編纂を進めた。小石川の水戸藩邸にお

いて、父頼房の跡を継いで庭園づくりを行った。最初は頼房の意思を尊重していたが、寛文5 (1665) 年、日本に亡命してきた明の儒学者朱舜水を迎え、中国文人趣味の庭園に改造していった。

11) 史記
中国、前漢の歴史家である司馬遷が著した中国最初の正史。

12) 朱舜水 (しゅしゅんすい)
(1600-1682) 年、明朝末期の儒学者で明朝再興に奔走したが、寛文5 (1665) 年、徳川光圀に招かれて水戸藩の賓客となる。光圀は朱舜水の学識の深さや徳望の高さを尊敬し、よく意見を交わした。後楽園の中国式造形は朱舜水の協力によるもの。

13) 大日本史
明暦3 (1657) 年、水戸藩主水戸光圀の命により着手した歴史書で、明治39 (1906) 年に完成した397巻からなる。神武天皇から後小松天皇までの歴史を「史記」にならって漢文の紀伝体で著している。

14) 蘇堤
西湖は中国浙江省杭州市の西部にある湖で、中国有数の景勝地として知られている。そこにある蘇堤は11世紀に北宋の文人政治家蘇軾 (蘇東坡) が築いた。わが国では白居易 (白楽天) の詩で西湖はよく知られ、日本庭園のモチーフとして使われているが、白居易は中唐の人で蘇堤より250年遡り白堤を築いている。江戸時代の大名庭園では、蘇堤をモチーフにした「西湖堤」が庭園の重要な構成要素としてつくられた。桂離宮の池も西湖の見立てである。

15) 円月橋
朱舜水の設計した石造りの半円形の橋。橋が下を流れる水面に映ると満月のように丸くなり、円月橋の名が生まれた。

16) 岳陽楼記
中国湖南省岳陽市にある楼閣。洞庭湖の東北岸に立つ高さ20.35mの三層の木造建築で、眼下に広大な洞庭湖、北に長江を臨む絶景の地として知られ、杜甫など多くの詩人が詩に詠んでいる。

17) 桂昌院 (けいしょういん)
(1627-1705) 年、江戸幕府5代将軍徳川綱吉の母で徳川家光の側室となって綱吉を生み、家光死後出家して桂昌院と称した。

18) 栗林公園
香川県高松市、紫雲山の東麓に広がる庭園で面積約16ha。香東川の旧河床伏流水を用いて南湖・北湖をはじめとする6池をつくり、「飛来峰」「扶養峰」など13の築山を築くとともに、園内各所に茶亭を配し、園路を巡らせた廻遊式庭園。藩主は代々愛庭家で庭園築造は失対事業を考慮しており、名物の奇岩怪石を高値で買い取ったのもそんな理由という。

19）山縣有朋

(1838-1922) 年、山口県萩市の生まれ、明治維新後ヨーロッパ諸国の軍制を視察。山縣の庭園理想像は箱庭のようなものではなく、周辺環境を生かした「自然主義」を基調とした。山縣の造園趣味が発揮された庭園の中で「椿山荘」、「無鄰菴」、「古稀庵」が現存する。これらの庭園は主屋前に芝生を配し蛇行する流れを主要構成とし、借景を取り込んだ明るく開放的で野趣に富んだもの。山縣は三尊石や池に鶴島・亀島を浮かべた従来の日本庭園に見られる象徴主義的な手法ではなく、山里を思わせる「原寸大の自然」を好んだ。

20）涵徳亭 (かんとくてい)

頼房の時代に創建されたものであり、当時はガラスの明かり障子があったのでビードロ茶屋と呼ばれていたが、享保の変革時に改築され、寛保2 (1742) 年、林信篤によって涵徳亭と命名された。現在の涵徳亭は昭和13 (1938) 年に再建されたもので、当初の建築様式とは異なっている。

21）清水観音堂

関東大震災で焼失した。観音堂内には室町時代の作といわれている如意輪観音が安置され、小振りだが「清水の舞台」もあった。

22）八掛堂

光圀がつくったもので「文昌堂」から後に金毘羅堂とも呼ばれたが、建物が八角形であったため八掛堂と呼ばれてきた。前後にある大小の石組は堂のための演出で、朱舜水の意図が垣間見える。

23）世阿弥

(1363-1443 ？) 年、室町期の能の大成者で、「風姿花伝」をはじめ「花鏡」、「至花道」、「拾玉得花」など多数の能楽理論書を著した。

24）婆娑羅 (ばさら)

梵語で金剛石の意。南北朝期の社会思想・美意識を示す流行語。身分にとらわれないぜいたくで華麗な服装や、破天荒な行動を意味する。

25）幸若舞 (こうわかまい)

主として室町時代に流行した舞曲。桃井直詮（幼名、幸若丸）の創始といわれ、語りを主として扇拍子・小鼓・笛などの楽曲に合わせて舞う。曲舞の一種で、曲節は声明・平曲・宴曲を融合したもの。軍記物語に題材をとり、織田信長をはじめ戦国武将が愛好した。

26）薪能

「神事能」のひとつ。陰暦2月6日から1週間、奈良興福寺の修二会（しゅにえ）の際に四座の大夫によって演じられたもの。また、諸社寺などで夜間に「かがり火」をたいて行う野外能をいう。

27）醍醐寺三宝院

京都の醍醐寺山内にある門跡寺院（皇族・上級貴族の子弟が住職を務める寺）。庭園は醍醐の花見のための作庭で、豊臣秀吉みずからの意匠と構想によるといわれている。「主人石」として聚楽第から藤戸石が庭に持ち込まれ、この石を中心に庭園を構成している。築庭は秀吉の死後も続き、座主の義演によって現在の姿となった。(国指定特別史跡・特別名勝)

28）醍醐の花見

秀吉は3度の計画をして2度催した。1回は慶長2 (1597) 年3月に徳川家康ら諸大名を引き連れて催した。2回目はその翌年の3月に、後室の女性のためにふたたび花見の宴を催すが、この2回目が一般にいう「醍醐の花見」である。秀吉にとって花見は彼の晩年における最大の自己表現であり、天下人としての存在を世に知らしめるものであった。しかし、3度目は天皇の行幸の予定だったが秀吉の死により無くなった。

29）延喜帝時代

醍醐天皇が在位した時代で、政治的にも文化的にも充実した理想的な時代をつくった。

30）西行

(1118-1190) 年、平安後期の歌人で23歳のとき出家して諸国を行脚した。花と月・自然を愛し、遁世修行を行う中で多数の秀歌を残した。「新古今和歌集」で一番多く歌がおさめられている人物で著作に「山家集」がある。

31）草木国土悉皆成仏

心のあるもののみならず、心のないものまであらゆるものが成仏するということ。鎌倉時代になって親鸞、道元、日蓮らによって主張され、やがて謡曲にこの言葉が多く出てくるようになった。

32）三河の国

参河国とも書く、現在の愛知県東半分を指す。

33）業平

(825-880) 年、六歌仙のひとりで平城天皇の孫。美男の伝えがあり、「伊勢物語」の主人公とされている。藤原氏にはばまれ不遇のため風流に明け暮れた。多感な性格で歌風にも情熱的な特色が表れている。

34）親藩

江戸時代の大名は徳川将軍との親疎により、親藩・譜代・外様の3つに分けられた。親藩は徳川家康以後徳川の子弟で大名になったものをいい、譜代とともに外様大名を牽制する役割をになった。特に尾張・紀伊・水戸の徳川家を御三家と呼んだ。

35）西澤文隆

(1915-1986) 年、建築家で日本の建築、茶室、庭園の研究者。コルビジェの愛弟子で坂倉準三の一番弟子。

36）寝覚の床

木曽川上流の中仙道沿いの名勝。古くから浦島太郎伝説で有名な渓谷。実際の場所に瀧はない。

37）名古曽 (なこそ) の瀧

京都・大沢池の北方約100mのところに、藤原公任の和歌「瀧の音は絶えて久しくなりぬれど名こそ流れてなほ

聞こえけれ」(拾遺和歌集巻8)で有名な「名古曽瀧」の石組が残るが、実際の名古曽には瀧がない。

38) 龍田川
奈良県北西部の生駒山地の東麓を南流し、斑鳩町の南で大和川に注ぐ川で古来から紅葉の名所。

39) 帛橋、幣橋(ぬさばし)
大泉水と龍田川をつなぐ水路にかけられた石橋。「幣」とは神々に捧げる供え物。古くは麻・木綿などを、のちには縫った布や紙を用いた。この石橋は1枚の切石でありながら、砂利と敷石を敷いたような表面仕上げとなっている。

40) 瀬田の唐橋
滋賀県大津市の瀬田川に架かる橋で、東国方面から京都への入路。「瀬田の夕照」と歌われ近江八景のひとつ。

41) 唐崎の松
唐崎は辛崎とも書く。琵琶湖の西岸の地名で現在の大津市に相当する。「唐崎の松」は近江八景の「唐崎の夜雨」であった。

42) 渡月橋
京都の大堰川と桂川の間に架かっている橋が渡月橋。実際の渡月橋は承和年間(834-848)空海の弟子の道昌僧正が大堰川を修築したときに、現在の渡月橋より200m上流に橋を架けたのが始まり。

43) 大堰川
京都府中東部、丹波高地の大悲山に源を発し、亀岡付近で保津川と名を変え、さらに下流で桂川となり、淀川に注ぐ川。飛鳥時代秦氏が治水と灌漑の為に保津川と桂川の境に堰を設けた。以後この当りの川を大堰川と呼び、この功績を称え聖徳太子が与えた名は「川勝」で、以後秦氏はこれを名乗った。

44) 音羽の瀧
清水観音堂の対岸には「清水の瀧」に由来する瀧がある。清水寺の境内にある今の姿は、手水舎に石樋を設けて「音羽の瀧」としている。

45) 通天橋
京都の五山のひとつである東福寺の通天橋から名付けられた橋。本来の橋は朱色の欄干のある反り橋ではなく、屋根のある廊橋で紅葉と橋の調和がよい。

46) 屏風岩
大堰川河畔で三尊石組の手法を用いた3つの板状の立石を組んだ石組。

47) 無鄰菴庭園
山縣有朋の京都別邸で小川治兵衛(植治)が施工。琵琶湖疎水から導水し、明るい芝生広場を持つ山縣の自然主義的な庭園観が表れた庭園で、その後の近代庭園の原型のひとつになっている。

48) 見返りの景
後ろを振り返ってみる景色。廻遊式庭園は進行方向に対して景観をつくるが、帰り道が重なるときや腰掛や四阿などの見返りができる場合、「見返しの景」を用意した取り分け桂離宮は秀景が多い。

49) 本歌取り
本歌とは「本歌取り」という後の評価があってこそ、浮上する相対的な存在となる。

50) 得仁堂
通天橋の東側にある庭園内で最も古い建造物。「史記」を読んで感動した光圀が伯夷と叔斉、泰伯の木像を祀った建物。「得仁堂」の名前は孔子が叔斉と泰伯を「求仁得仁」と語ったことによるとされている。

51) 金声玉振閣(きんせいぎょくしんかく)
「金」は鐘、「玉」は磬。昔、中国で合奏する時、初めに鐘を鳴らし最後に磬を打ったことから、知徳が総合大成されたことのたとえ。特に、孔子の大成をたたえる建物。名古屋城二之丸庭園では書庫だったと思われる。

52) 林羅山
(1583-1657)年、江戸前期の儒学者で建仁寺の僧だったが、早くから朱子学を学び、藤原惺窩の門人となった。上野忍岡に後の学問所である家塾を開く。

53) 堀杏庵
(1585-1642)年、江戸初期の儒医で近江の人。儒学を藤原惺窩、医を曲直瀬正純に学び安芸藩、次いで尾張藩に仕え法眼に進む。晩年、幕命により江戸に出て大名諸家の系図を編纂した。

54) 石川丈山
(1583-1672)年、江戸前期の漢詩人・書家で三河の人。武人として徳川家康に仕え関ヶ原の戦いなどで武功を建てたが、大阪夏の陣では先駆けの功をあせって抜け駆けし、家康に謹慎させられた。これを機に徳川家を離れ以後学道、芸道に励んだ。のち藤原惺窩に詩を学び、洛北の一乗寺に詩仙堂を建て隠棲した。

55) 角倉素庵
(1571-1632)年、江戸初期の学者・貿易家で朱印船貿易に従事したほか、諸河川改修にも功を立てた。本阿弥光悦に書を学び、角倉流書風の始祖となる一方、本阿弥光悦の筆跡で王朝文学や謡本を出版した。

56) 雷峰塔
杭州市西湖区の西湖南岸にある仏塔で975年に建てられた。「雷峰」の名は、西湖南岸の夕照山の最高峰である雷峰頂に由来する。

57) 都の富士
比叡山のことで地方にある富士のひとつを指す。

【コラム】
1) 石橋(しゃっきょう)
能の演目で出家した大江定基が入唐して清涼山の瀧の上に架かる石橋で童子に会う。童子は橋のいわれと文殊の浄土の奇特を教えて去る。やがて、獅子が現れ牡丹の花にたわむれながら壮絶華麗な舞を見せる。

2) 東本願寺渉成園（しょうせいえん）

東本願寺13世宣如上人の隠退所だった別邸。一般に「枳殻邸」の名で親しまれている。以前は生垣に枳殻を植えていたようで、石川丈山が作庭したとされる廻遊式庭園。庭は源融の河原院跡と言い伝えられ、これを下敷きにした謡曲の「融」をテーマにしてつくられ、謡のままに展開する眺望はまさに物語の中に入った体験となり、融のシルエットを写す楼門「傍花閣」は出色の出来である。

3) 源融（みなもとのとおる）

(822-895)年、平安初期の廷臣で嵯峨天皇の皇子。源姓を授けられ臣籍に降下、貞観14（872）年に左大臣になった。河原院という豪邸を営んだので河原左大臣ともいわれ、光源氏のモデルといわれる。宇治の別荘はのち平等院となった。

4) 煎茶の三点式の茶屋

煎茶の廻遊式庭園の場合、茶屋は酒店、飯店、茶店の順序の取り合わせの配置となる。東本願寺渉成園は江戸期より丈山好みの茶屋があり、池畔の「漱枕居」、山上の「縮遠亭」、平庭の檀上に「代笠亭」（江戸末再建）の三店を自然に親しむ設えとして今に残されている。

5) 俳聖殿

三重県伊賀市に芭蕉生誕300年を記念し、昭和17（1942）年に建設された木造建築。設計は伊藤忠太、外観は芭蕉の旅姿を模し、着想したのは中に安置した芭蕉像の作者の川崎克で俳聖堂建設の推進者。2010年に国重文に指定された。

| 第4章 | 小堀遠州の生涯と作品

1) 綺麗さび

平安時代の和歌道に秘められた日本古来の美意識と、心の平和と物の調和を追及するところから生まれた。端正で明るく優雅な美しさをもつ造形として表れる。

2) ブランディング

他と明確に差別化できる個性（イメージ・信頼感・高級感など）をつくり上げること。

3) 古田織部

(1544～1615)年、安土桃山時代の大名で茶道織部流の開祖。千利休亡き後の茶人として高名となり、徳川2代将軍秀忠の茶道師範となる。小堀遠州、本阿弥光悦をはじめ、大名・公家・僧侶などの門徒も多い。織部は町人文化を武家風に変え、桃山時代のきらびやかな意匠をもとに陶芸の織部焼、茶室の三畳台目席・織部床・織部窓など「織部好み」を世に示した。庭園では織部燈籠、大胆な切石の延段、軒内の蒔砂利など人工的な要素の強いモダンな意匠を導入した。

4) 藤堂高虎

(1556-1630)年、徳川家康の信頼が高く、築城や建築に才能を発揮している。遠州は高虎の養女を正室として迎えており、岳父との出会いが後の遠州の活躍に影響を与えることになる。

5) 黒田孝高（官兵衛）

(1546-1604)年、播磨国の姫路生まれで戦国時代から江戸時代初期にかけての武将で豊臣秀吉の軍師。藤堂高虎や加藤清正と並んで「築城の名手」として知られており、中津城や福岡城、大阪城、高松城、広島城、名護屋城など、城について縄張りや助言を行なったとされている。

6) 加藤清正

(1562-1611)年、織豊期の武将で名護屋城の設計など、築城・治水・干拓の名手であった。幼少より豊臣秀吉に仕え、賤ヶ岳の戦いなどで多くの戦功があった。

7) 層塔式天守

一階から最上階まで順番に積み上げていくような形の天守。下層から上層の形は同じで上に行くほど小さくなっている。藤堂高虎が生み出したもので今治城が最初といわれている。

8) 洞水門

後の水琴窟で蹲の水落部分を深く掘り下げ、大きな甕を伏せてその周囲をゴロタ石で囲み、隙間をつくって反響を良くした。そして、土をかぶせ甕の底に穴を開けて甕の中に水を細く落とし、水音を涼やかに響かせた。

9) 布泉（ふせん）の手水鉢

半球形の加工石の中央部に正方形の水穴を穿ち、水穴の左右に「布泉」の文字を浮き彫りにして古銭の形に仕上げたもの。手水鉢の底に穴を開けて離れた場所からサイフォンの原理を応用した手水鉢で、古代中国では布の貨幣があり、布銭を布泉とし水鉢に見立てた遠州一流の洒落。本歌の石材は加賀前田家から贈られた戸室石。

10) 武家茶

寺で発展した茶の湯文化だが、室町時代は戦乱が続き、いつ命を落とすかわからない不安定な日々の中で、禅の作法を手本として姿勢を正し、心に平衡をもたらす茶の湯が武家社会に浸透し、町人とは一線を画す茶の湯として定着した。

11) 定家流（定家様）

和様書道のひとつで藤原定家を祖とする。独特の書体が室町時代後期に再認識され、江戸の大名茶人小堀遠州、松平不昧に好まれた。

12) 隷書体（れいしょたい）

秦の時代に篆書の曲線を直線的なものとし、字画も簡単にして新しい書体としてつくられたもの。

13) 園林帝鑑図（えんりんていかんず）

帝鑑図は中国明代の政治家である張居正によって著された書物で、人物の画題としても知られている。

14) 明正院（めいしょういん）

明正天皇（1624-1696）年の譲位に備え、小堀遠州は新院御所の造営の奉行を拝命した。明正院の庭園は直線を基調とした斬新なデザインで建物前に方形の芝生広場、

一間半（2.7m）の堀を挟んで6区画の花壇が並列する。6区画の花壇の形状はすべて違うもので視線の誘導を促しているようにも見える。

15）上田宗箇
（1563-1650）年、安土桃山時代から江戸時代初期の武将。千利休・古田織部に学んだ茶人で作庭にも優れていた。広島藩浅野家の家老となり縮景園を作庭した。

16）井上光夫
元、名古屋市博物館副館長で名古屋城二之丸創建期における庭園の変遷を考察。著書「中御座広間北御庭惣絵考」。

17）吉田素庵
（1571-1632）年、江戸時代前期の豪商で角倉了以の長男、京都の豪商で儒学者（尾張藩主教授）、能筆家。海外貿易（ベトナム）、河川改修（保津川、富士川他）、運河開鑿（高瀬川）、運搬（尾州木曽桧）、出版（王朝文学、謡曲）。

18）唐破風（からはふ）
中央部は弓形で左右両端が反りかえった曲線状の破風。桃山時代の建築の特色のひとつ。

19）真柏（しんぱく）
ヒノキ科の常緑針葉樹でイブキの変種。中国の禅寺では主として、コノテガシワを植え、日本ではカイズカイブキを植える。

20）張り壁
紙張り仕上げの壁で下地を襖骨のように組み、下張り・中張りをした上に墨絵などを描いた紙を張った壁。

21）忘筌（ぼうせん）
目的を達したとき、それに要した手段を忘れるという意味で、公務に忙殺された生き方から解放されたことを示す。

22）画舫（がぼう）
美しく飾り立てた遊覧船。

23）頤和園（いわえん）
中国、北京の北西にある清朝の庭園。乾隆帝以来の離宮が1860年英仏軍に焼き払われたのを1888年西太后が再建した。万寿山と昆明池を巡る雄大な名園。

24）私家園林
個人が所有していた庭園で、限られた敷地をいくつかの景区に分けて変化をつける。各景区は壁で区切られ、壁には円形などの「洞門」が設けられている。

25）近江八景
「三井の晩鐘」、「石山の秋月」、「堅田の落雁」、「粟津の晴嵐」、「唐崎の夜雨」、「瀬田の夕照」、「矢橋の帰帆」、「比良の暮雪」、中国の洞庭湖の瀟湘八景を模して選ばれた。孤蓬庵には「瀬田の唐橋」に見立てた石橋、近江富士に見立てた富士山石、堅田の浮御堂に見立てた雪見燈籠などがあり、各々その地をイメージさせる景を描く。

26）小室藩
近江国（滋賀県）浅井郡を領有した藩で小堀遠州が12,460石で就封。

27）吹き放しの窓
家屋で柱の間に壁がなく、外部または隣室と貫通して開放されていること。また、建物の内部で二階または数階貫通して床を設けず、上下がつながった構造になっていること。

28）三潭印月（さんたんいんげつ）
中国浙江省北部、杭州市にある西湖に浮かぶ最大の島で西湖十景のひとつ。島の中に7haの湖があり、「湖中に島」、「島中に湖」という独特の景観をつくっている。上空から見ると「田」の字になっており、島の南の湖上に3基の石燈籠が浮かぶ。名の由来は名月の夜、船から湖面に映る月を見ると月が3つに分かれて見えるという話による。

29）居初氏（いぞめし）庭園
天然図絵亭は江戸初期に建てられた滋賀県堅田の旧家。座敷の東側と北側は大きく庭に向かって開かれ、庭越しに琵琶湖が望まれ、晴れた日には対岸の風景も楽しむことができる。室内からの眺めは縁先の柱にはめ込む板蕀によって手前の庭園が消され、その上に湖や近江富士を始め湖東の山並みが浮かび上がり、座敷全体が御座船に見立てられ、船上からの眺めになる。

30）真珠庵式
真珠庵は大徳寺塔頭の中で大徳寺四派のひとつで、開祖は一休宗純和尚。中門から本玄関へ向って七五三に打たれた大胆な飛蝶の飛石と、特に名高い七五三石組が東庭にある。

31）七五三庭園
庭園において15個の石を7・5・3の3群に分けて配置し全体として調和を取るとともに祝儀を表現する石組の手法。

32）芦葉達磨
中国南北朝時代、インドから中国にきた達磨は南朝・梁の武帝に会うが、話はすれ違い達磨とは機縁がなかった。達磨は芦の船に乗り長江を渡ったので、武帝は大いに後悔した。

33）寄燈籠（よせどうろう）
複数の古い石塔の石を組み合わせてつくられた燈籠で、不完全から完全を見出す禅の心と遠州の考え方が伺える。

34）龍潭寺（りょうたんじ）
静岡県引佐郡引佐町。彦根藩井伊家の菩提寺で井伊直弼が祀られている。庭園は江戸時代前期の小堀遠州の作庭とされているが、方丈は遠州没後で可能性は低い。

35）以心崇伝（いしんすうでん）
（1569〜1633）年、僧侶であり政治家で、南禅寺の第270世住持となった。別名金地院崇伝と呼ばれ本光国師の尊称を有する。徳川家康の側近として外交や寺社政策に関わり、「黒衣の宰相」と呼ばれた。自坊である金地院や南禅寺の作庭を遠州に依頼。徳川家光を南禅寺に招くため金地院に東照宮を造営し、家康を遥拝する庭として

鶴亀蓬莱庭園をつくった。

36）黒衣の宰相
僧侶にして武将の参謀となった例は、戦国時代のみならず多々あり、当時巷間で名付けられた呼び方。

37）後水尾（ごみずのお）天皇
（1596-1680）年、後陽成天皇の皇子。禁中並公家諸法度・紫衣事件などによる幕府の干渉・圧迫に不満で1629年、中宮和子との間に生まれた皇女明正天皇に譲位、以後51年間院政をおこなった。上皇になって後に修学院離宮を築造。

38）本光国師日記（ほんこうこくしにっき）
金地院崇伝の日記（国重文）で遠州と崇伝とのやり取りや、庭石の注文や納入の次第が記されている。

39）泮池（はんち）
泮とは古代中国の宮廷にあった池のこと。禅宗寺院の本山などの入り口に穿たれた池の中央に橋を渡し、池を聖俗の結界とした。

40）蘭渓道隆（らんけいどうりゅう）
鎌倉時代中期に南宋から渡来した禅僧。鎌倉市に建長寺を開山し、日本最初の本格的な禅寺伽藍を中国五山の径山興聖萬寿禅寺に倣い直列式の伽藍をつくった。龍門瀑のエピソードは道隆が建長寺の僧堂に伝え後年広まった。

41）村瀬左介
遠州の配下で金地院では露地部分を担当する施工に携わり、河原者を指揮した。普段は伏見奉行所内に家があり、遠州の客の相手を務めた。

42）合端（あいば）
石積及び石張りの合わせ目の呼び名。庭の場合飛石の2石が向き合う面で、一般的に平行にするが、桂離宮は角と角を合わせる合端が多い。

43）天授庵
京都南禅寺の塔頭。無関普門（大明国師）の塔所として建立し、慶長7（1602）年、細川幽斎が再興した。池泉を主とした庭園と枯山水と二つの庭園が見られる。

44）大明（だいみん）国師
無関普門（1212-1291）年、鎌倉中期の臨済宗の僧で東福寺の円爾に禅を学び、南禅寺を開山した。

45）頁岩（けつがん）
堆積岩の一種。泥岩が地下で圧力により堅く固まったもので、厚い板状を示す。

46）京都五山
鎌倉五山と並び、中世期に最高の寺格を持つ京都の五つの臨済宗寺院。1386年足利義満の時、天龍寺・相国寺・建仁寺・東福寺・万寿寺の5寺とし、南禅寺を五山の上とした。

47）龍光院（りょうこういん）
臨済宗大徳寺派の大本山。筑前福岡藩主・黒田長政が父の菩提を弔うために、慶長11（1606）年、江月宗玩を開

祖として建立したお寺。

48）江月宗玩
遠州の禅の兄弟子。堺の豪商で信長、秀吉に茶頭として仕えた津田宗及の子、大徳寺156世住持龍光院住職になって翌年、院内に小堀遠州の孤蓬庵を開山。

49）松平治郷（不昧）
（1751-1818）年、江戸時代中期の出雲松江藩主で大名茶人として名高い。十代の頃から茶の湯や禅学を学び自らの茶道観を確立した。これが不昧流として今も伝わっている。

50）編笠門
庭園の出入口や露地に用いられる門。棟・軒先ともに曲線を描き、編笠のように大きくむくりのついた檜皮葺の屋根を持つ。孤蓬庵では墓所の門。

51）船岡山
京都市北区の南部にある標高112ｍの小丘陵。地名は船をかぶせたような形からきている。平安京の南北の中心軸の「玄武の山」で平安貴族の行楽地だったが、死者の埋葬地でもあり、孤蓬庵の寄燈籠は無縁仏の墓石が使われたと思われる。

52）山雲床（さんぬんじょう）
4畳半台目の茶室。龍光院の密庵席から密庵床を除いただけの密庵の写しで松平不昧の発案で設けられたもの。床柱や中柱や、薄い墨絵が描かれた張り壁、吹き寄せの障子の桟などに遠州好みが反映されている。

53）密庵（みったん）
江月和尚から中国・南宗の禅僧密庵咸傑の「密庵墨蹟」を掛けるための茶室が欲しいと相談されつくられた茶室で国宝三席の一つ。

54）真黒石
京都賀茂川水系の庭石の名石の一つで景色のある黒い石。

55）ヌケ石
艶色のない真黒石を分けて、庭師などはヌケ石と称する。

56）霰敷
霰の趣を見せる小石の敷き方。

57）露結の手水鉢
形は石造宝塔の塔身を逆さにしたと思われ比較的小型、胴の正面に「露結」の銘を陰刻。

58）六角燈籠
通常円形である竿以外の平面形が六角形で、春日燈籠とも通称される最も多く見られる燈籠。因みに孤蓬庵「直入軒」南庭の六角燈籠は、基礎が宝篋印塔の基礎で四角形。大胆にも蕨手を欠いた寄燈籠。

59）砂擦り
川砂に白色顔料である胡粉を混ぜ、木目に沿って擦り上げて胡粉で目止めした、全体的に白っぽくて華奢な天井。そこに光が当たると天井の一部が明るくなり、それが座敷に反映すると風情があるだけでなく、実際に照明効果

もある。孤蓬庵の場合、浮き出す本目は御座船の天井に映る水面の波紋の見立てである。

60) 庭屋一如（ていおくいちにょ）
庭と建物の調和がとれているさま。数寄屋建築の研究の第一人者である中村昌生は庭園にも造詣が深く、究極の空間は庭園と家が一体となった姿にあるという考えに至り、「庭屋一如」を度々説いた。

61) 宝塔
仏塔の建築形式のひとつで円筒形の塔身を有する塔。

62) 五輪塔
地輪・水輪・火輪・風輪・空輪を重ね、四方に梵字を刻んだもの。

63) 戸室石
石川県金沢市東部の医王山、戸室山やキゴ山で採れる石。

64) 御止め石
加賀藩の場合、戸室石は藩主の専用で石番を置いて一般の人が採取を禁じた。

【コラム】

1) 森八・長生殿
加賀百万石三代藩主の前田利常公の創意により小堀遠州の書いた「長生殿」の三字を原型とした板状で長方形の銘菓。家伝の製粉と四国の純和三盆糖でつくられた落雁。

2) 風流堂・山川
日本三大銘菓のひとつで、松平不昧公の好みで不昧の歌に由来して名付けられた。山川は「赤」と「白」の対になっていて、「赤」は紅葉の山を、「白」は川（水）を表しているといわれている。

3) 大和屋・越乃雪
長岡藩九代藩主の牧野忠精公が病に伏せたときに寒晒粉（白玉のようなもの）に甘みを加えた菓子をつくり献上したところ病が治った。これを喜びこの菓子に「越乃雪」の名を与えた。越後特産のもち米を独自の製法で粉砕した粉と四国の純和三盆糖を押しものにした菓子。

4) 長恨歌
玄宗と楊貴妃の愛情生活をつづった、中唐の長編叙事詩で白楽天がつくった。日本でも「源氏物語」や「枕草子」ほか多くの作品に引用されている。

5) 熊倉功夫
1943年東京生まれ。茶の湯研究の一人として茶道史を中心に、寛永文化、日本の料理文化史、柳宗悦と民芸など、日本文化を幅広く見据える。主な著書に「千利休」、「後水尾天皇」、「近代茶道史の研究」、「寛永文化の研究」、「茶の湯の歴史―千利休まで」、「小堀遠州茶友録」、「日本人のこころの言葉　千利休」など。

6) 麾下（きか）
ある人の指導下にあることで現代風に言えば部下である。

7) 玉淵坊（ぎょくえんぼう）
生没年不詳、江戸時代初期の日蓮宗の僧であり作庭家。京都の妙蓮寺に所属し、小堀遠州の異母弟にあたる小堀正春の作庭に協力した。桂離宮の作庭に関与した可能性もある。他に洛北・円通寺、妙心寺・雑華院、摂津富田・普門寺などの作庭者と思われ、遠州を支えた人々は名人揃いであった。

8) 南光坊天海（なんこうぼうてんかい）
(1536-1643)年、江戸初期の天台宗の僧。比叡山・興福寺などで諸宗について学び、川越の喜多院などに住んだ。徳川家康の側近として、江戸幕府初期の朝廷政策・宗教政策に関与した。

9) 大権現
仏が衆生を救うために神・人などの仮の姿を持ってこの世に現れること。

10) 范寛・郭煕
范寛（950頃-1032以降）は陝西省出身の平民画家。独自の観察力を持って自然を捉え、観る者を震撼させる壮大無比な山景を描いた。郭煕（1023頃-1087以降）は北宋の宮廷画家であり、絵画の理論家で山水画の大作として「早春図」がある。二人とも実際の風景を忠実に描いたのではなく、山水画の慣わしに従い自然に対する眼差しと理解を通して再構築した理想的な山水を描いた。

11) 馬遠・夏珪（ばえん・かけい）
馬遠の山水画は、風景の一部だけを取り出して画面の片隅に描き、他は余白にして見る者の想像力に働きかける技法。夏珪は馬遠とともに南宋中期を代表する画院画家。馬遠の「筆」に対して夏珪は「墨」、特に墨色の美しさを最大の特徴とした。

12) 近江孤蓬庵
小堀遠州の菩提寺。二代目小室城主宗慶（正之）が江戸時代前期、京都・大徳寺から僧円恵を招いて開山した臨済宗大徳寺派の寺。遠州が京都大徳寺に建立した孤蓬庵にちなんで近江孤蓬庵とした。

戸田芳樹 *Yoshiki Toda*

ランドスケープアーキテクト／株式会社戸田芳樹風景計画

1947年広島県尾道市出身。東京農業大学造園学科卒業。東京・京都で庭師の修行後、アーバンデザインコンサルタント（代表黒川紀章）を経て、1980年株式会社戸田芳樹風景計画設立。シンプルでダイナミックな空間でありながら、暖かく柔らかい空気の味付けと、こまやかなディテールの作品を創り続けている。1989年東京農業大学造園大賞、1995年修善寺「虹の郷」で造園学会賞を受賞。2014年茅ヶ崎市景観まちづくりアドバイザー、2019年ランドスケープアーキテクト連盟会長就任。主な著書「戸田芳樹風景計画景観設計30年」（中国建築工業出版社）、「昭和の名庭園を歩く」「日本庭園を読み解く」（マルモ出版）

主な作品

渋谷区 H邸庭園

新宿区 R邸庭園

中国 無錫海岸城

野村勘治 *Kanji Nomura*

庭園作家・庭園研究家／有限会社野村庭園研究所

1950年愛知県出身。東京農業大学短期大学卒業。庭園研究家重森三玲に師事。作庭のかたわら桂離宮他名園の実測は百数十庭を数える。(有)野村庭園研究所代表。名古屋城二之丸庭園など古庭園の復元整備に関わる。2017年東京農業大学造園大賞受賞。京都林泉協会会長、日本庭園学会理事。著書「日本庭園集成」全6巻 小学館（実測図）、「日本庭園を読み解く〜空間構成とコンセプト〜」マルモ出版（共著）他。作品「愛・地球博（現：モリコロパーク）日本庭園」（愛知県長久手市）監修、「ザ・リッツ・カールトン京都」（京都府京都市）、「北京悉曇ホテル」（中国北京）他

主な作品

ザ・リッツ・カールトン京都

チェコ ロンスベルク城庭園

中国 北京 悉曇ホテル

【用語解説・校正】 新畑朋子 *Tomoko Niihata*

ランドスケープアーキテクト

広島県出身。東京農業大学造園学科卒業。京都、東京で造園設計に携わる。2020年文部科学省「高等学校用 造園計画」審査。2013年から広島女学院大学、2022年から日本大学非常勤講師。

今読み解く日本の庭園
作者の想いからデザインまで
2024年 10月10日初版発行

著者
戸田芳樹・野村勘治

発行人
小林哲也

発行所
風景パブリッシング
東京都台東区今戸2-16-11今ニマンション203
E-mail : tombi@fuukeipublishing.jp
Web : https://fuukeipublishing.jp

編集・デザイン
風景パブリッシング

印刷・製本
株式会社ディグ

ISBN978-4-911303-01-6
定価1,800円＋税